図説

ヴィクトリア朝の暮らし

ビートン夫人に学ぶ英国流ライフスタイル

Cha Tea 紅茶教室

河出書房新社

図説
ヴィクトリア朝の暮らし
ビートン夫人に学ぶ英国流ライフスタイル

目次

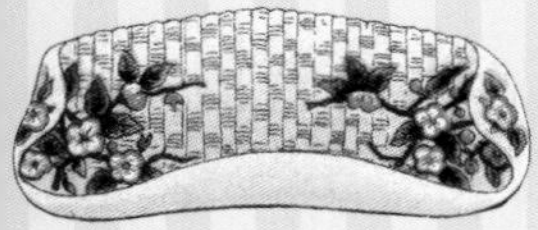

はじめに

二〇一五年元旦、ロンドンのホテルでこの原稿を書きはじめています。

一三年前、自宅のリビングで始めた小さな紅茶教室は、気づけば卒業生を二〇〇〇名送り出す大所帯となりました。一時的に事務所を借りていた時期を経て、英国住宅を建てた四年前からは、自宅兼サロンという形態で、スタッフとともに受講生をお迎えしています。

紅茶そのものの味や製造工程を追求する勉強、紅茶の淹《い》れ方《かた》やアレンジを学ぶレッスン、英国紅茶の歴史的背景を知る時間など、教室ではさまざまなレッスン内容を提供していますが、自宅教室という環境では、「紅茶を飲みながらのコミュニケーション」「おもてなしの心」「紅茶を楽しむ住空間の大切さ」を受講生の皆様と共有する機会が多く、家に人を招く大切さを改めて実感しています。

本書がテーマにしたヴィクトリア朝

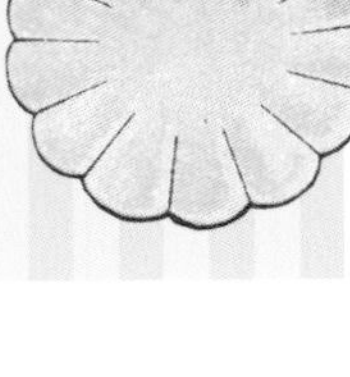

（一八三七〜一九〇一）は、紅茶を介してのコミュニケーションが英国の中産《ミドル》階級《クラス》に浸透《しんとう》した時代です。まだホテルやティールームも少なく、女性たちの社交の中心は「自宅」でした。人と親しくなるためには、自らの住空間を解放し、人を招き入れなくてはいけない。もちろん、正式な晩餐《ばんさん》にゲストを呼ぶことが理想でしたが、それは若い新米《しんまい》主婦《しゅふ》にとって、とても難しいことです。女主人たちは、まずは気楽な午後の社交「アフタヌーンティー」を活用し、紅茶をいただく時間を通して友情を育み、尊敬している女性と親交を深めていきました。

　本書では、ヴィクトリア朝の中産階級の女性の暮らしを、当時爆発的なベストセラーになった『ビートンの家政本』を指南《しなん》として追っていきたいと思います。人々の生活に欠かせなかったティータイムはどのシーンに、どのような意味づけで登場するのでしょうか。現在はホテルでいただくものと思われがちな「アフタヌーンティー」の、本来のあり方がきっと見えてくるはずです。

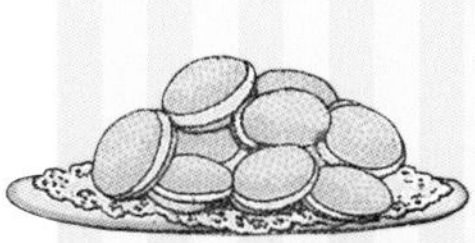

第1章

『ビートンの家政本』

中産階級の主婦を対象にした家政本が数多く出版されたヴィクトリア朝。『ビートンの家政本』は大ベストセラーとなりました。編集者はイザベラ・メアリー・ビートン。どんな女性で、どのような本を作ったのでしょうか。

イザベラ・メアリー・メイソンの誕生

『ビートンの家政本《ビートンズ・ブック・オブ・ハウスホールド・マネジメント》』の編集者であるイザベラ（一八三六～一八六五）は、一八三六年三月一二日、ロンドンのメリルボーンにメイソン家の長女として生まれました。父親のベンジャミン・メイソン（不明～一八四一）は新興の下層中産《ロウアー・ミドル》階級《クラス》に属するリネン商でした。一家は彼女の誕生後、ロンドンの中心部シティ付近のミルク・ストリートに移り住みます。

イザベラ24歳の肖像。

　イザベラが四歳のとき、父が死亡。未亡人となった母エリザベス（一八一五～一八七二）は生活に困り、二年後、妻を亡くしたヘンリー・ドーリング（不明～一八七三）と再婚し、サリー州のエプソムに引っ越しました。ドーリング家は競馬場のレース情報を記載した「レース・カード」の印刷で成功した裕福な家庭で、競馬レース「ダービーステークス」や「オークス」が開催されるエプソム競馬場のオーナーでした。

　再婚した両親にはそれぞれ四人の子どもがおり、八人の子どもを養う大家族が誕生します。両親は再婚後も子どもをもうけ、総勢二一人の兄弟姉妹になりました！　イザベラは長女として弟妹たちをまとめるリーダーシップを身につけていきます。義父ヘンリーは利発《りはつ》なイザベラを気に入っていたため、彼女は当時の女性として最高の教育を受けることができました。

　一六歳でロンドン郊外のイズリントンの寄宿舎学校《きしゅくしゃがっこう》に入学、さらに高等教育を受けるため、ドイツのハイデルベルクの寄宿舎学校にも留学。イザベラはここでドイツ語、フランス語、料理やピアノなどの教養を身につけました。義父ヘンリーはその財力でカントリーハウスも所持しており、自らの館で開く晩餐会《ばんさんかい》にも、たびたびイザベラを同席させたそうです。

イザベラとサミュエルの結婚

　イザベラは一八五五年の夏、かつて一家でミルク・ストリートに引っ越して以降も母親同士が交流していた、ビートン

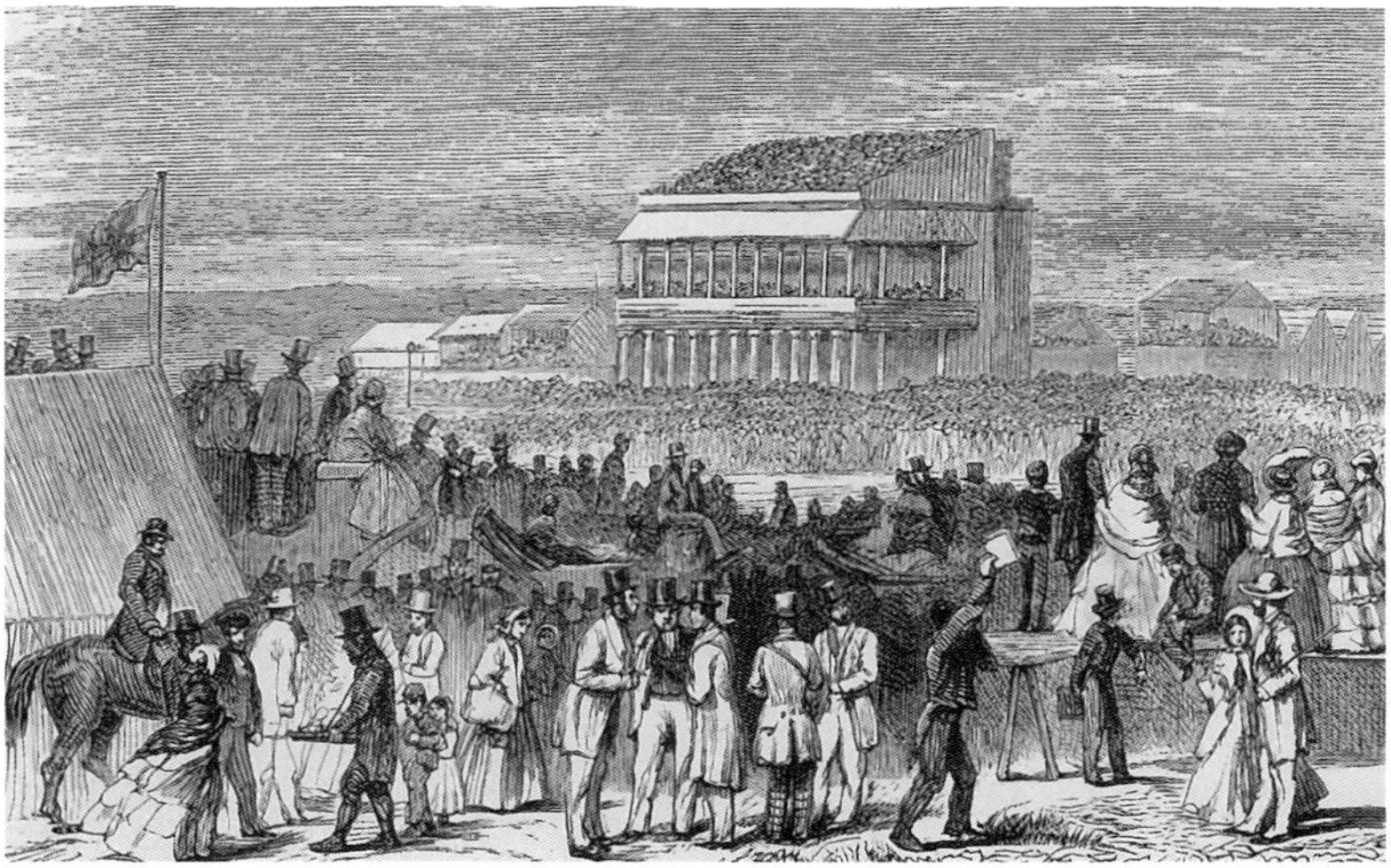

イザベラの義父がオーナーだったエプソム競馬場。イザベラは弟や妹たちとこの競馬場で寝泊まりをしていたこともありました。（Black's Guide / 1874年版）

家の息子サミュエル・オーチャート・ビートン（一八三一〜一八七七）と出逢い、恋に落ち婚約します。

サミュエルは二一歳のとき、「クラーク・ビートン&カンパニー印刷出版会社」の共同経営者となりました。この会社は『アンクル・トムの小屋』（アメリカの女性作家ハリエット・ビーチャー・ストウの小説）の英国版を出版して業績を伸ばし、一八五二年からは中産階級の女性を対象にした『英国婦人家庭雑誌《イングリッシュウーマンズ・ドメスティック・マガジン》』を刊行、人気を博していました。

『英国婦人家庭雑誌』の表紙。
（The Englishwoman's Domestic Magazine. New Series. Vol. Ⅷ / 1864年版）

サミュエル29歳の肖像。

サミュエルがクラークとの共同事業を解消し、独立したのがちょうど一八五五年です。サミュエルの実家が居酒屋《タバーン》経営をしていたこともあって、義父のヘンリーは、イザベラにはもっと身分の高い相手がふさわしいとして、この婚約に反対します。しかしイザベラは屈しませんでした。

一八五六年七月一〇日、二人は結婚しました。結婚式は、エプソムのセント・マーチンズ・パリッシュ教会で、披露宴《ひろうえん》はエプソム競馬場のグランドスタンドで行われました。二人の結婚の公示は『ロンドン・タイムズ』の紙面にも掲載されました。イザベラは白い絹のウェディングドレスを身にまとい、輝くばかりの美しさだったといいます。披露宴もとても豪華で、新婚カップルへのたくさんのプレゼント、テーブルに並べられた数々のご馳走が、華やかな一日を彩りました。

新生活

二人の新生活は、ロンドンから約二〇キロ離れたピナーで始まりました。夫妻の家は、当時中産階級で流行していたセミ・デタッチド・ハウス（三〇〜三一頁参照）でした。家には料理人、ハウスメイド、キッチンメイド、庭師が一人ずつ雇われており、新婚旅行から帰ってきた彼女の主婦としての最初の仕事は、使用人に夕食の支度を命じることだったそうです。

　しかし当時二〇歳のイザベラは、女主人として使用人をうまく統率《とうそつ》できず、引っ越し直後は困惑《こんわく》することばかりだったそうです。その後生活に慣れてくると、夫妻は新居に友人を招いたり、国内のバカンスを楽しんだり、海外旅行に出たりと、新婚生活を楽しみました。

　イザベラがのちに編集した『ビートンの家政本』二一番には、中産階級の年収に合わせた理想の使用人の職種が提示されています。ここから想定されるサミュエルの年収は少なくとも七五〇～一〇〇〇ポンド近く。にもかかわらず、義父ヘンリーが結婚に反対したことを考えると、イザベラの実家はより裕福な家庭だったと考えられます。

　ちなみに使用人に支払う年間給与の目安も記載されており、制服を支給しない場合の例として、料理人、庭師、下僕《サーバント》の年間給与は二〇～四〇ポンド、水仕事をしないハウスメイドは紅茶や砂糖、ビールなどの手当てがない場合は一二～二〇ポンド、水まわりの仕事も含むメイド・オブ・オールワーク（家事雑役女中）は九～一四ポンド、ナースメイド（子守）は八～一二ポンド、雑用の少女は五～九ポンドとなっています。

　ライザ・ピカード（一九二七～）が二〇〇五年に発表した『ヴィクトリアン・ロンドン』によると、一八六一年のイングランドとウェールズの人口調査では、年収三〇〇～一〇〇〇ポンドは一五万人で、中産階級のなかでも、アッパー・ミドルクラスと呼ばれる階級に属しました。年収一〇〇～三〇〇ポンドは八五万人で、彼らはミドル・ミドルクラス。さらに一〇〇ポンド前後の人々は一〇〇万人おり、ロウアー・ミドルクラスとされました。ロウアー・ミドルクラスには商店の経営者や事務員なども含まれたので、イザベラの実父、そしてサミュエルの実家もこのクラスに属していたと推測されます。中産階級といっても、そこにはかなりの違いがあったことが想像できます。ちなみに上流階級は五万人、労働者階級は八〇〇万人ほどでした。

ビートンの家政本　21番（1861年版）

年収1000ポンド世帯	料理人、アッパー・ハウスメイド、ナースメイド、アンダー・ハウスメイド、サーバント（男性使用人）
年収750ポンド世帯	料理人、ハウスメイド、ナースメイド、フットボーイ
年収500ポンド世帯	料理人、ハウスメイド、ナースメイド
年収300ポンド世帯	メイド・オブ・オールワーク、ナースメイド
年収150～200ポンド世帯	メイド・オブ・オールワーク、必要時手伝いの少女

『ビートンの家政本』の出版

　イザベラの名を有名にした『ビートンの家政本』は、夫サミュエルの会社が発行していた雑誌『英国婦人家庭雑誌』のコラムをもとに構想されました。ヴィクトリア朝は出版事業が急速に発展した時代でもあります。一八四八年に、初めて女性向けの暮らしをテーマにした月刊雑誌『ファミリー・エコノミスト』が発売され大きな話題になりました。『英国婦人家庭雑誌』もそんな時代の波に乗りました。

　結婚八か月後、夫の会社に勤めていたコラムニストが退職したことをきっかけに、イザベラは、この雑誌にフランス文学の翻訳や、料理と家政に関する記事などを掲載しはじめます。やがてそれは毎月になり、月に三本のコラムを担当することもありました。雑誌は順調に売れ、一八六〇年には発行部数五万部を誇る、中産階級の主婦層に人気の存在となります。

　イザベラは紙面に掲載する料理のレシピを読者から集めたり、読者の質問に答えるコーナーを担当したことで、紙面を通して読者と交流を始めます。同世代の主婦の悩みに共感し、また先輩主婦からの助言に救われるなかで、こう思いました。

「一家の主婦は、陸軍《りくぐん》の司《し》令官《れいかん》と同じだわ！　料理や掃除を理解したうえで使用人に指示を出さなくてはいけないし、ご近所との付き合いや、おもてなしのマナーもわかってなければいけない。子育てはもちろん、夫や子どもが病気にかからないように常に気をかけていなければならない！」

「母親からそういうことを習っている人は問題ないけれど、私のようにそうでない人もいるはず。家事のマニュアルがアルファベット順に並んだ本があれば、どんなに助かることか！」

　一八五九年、イザベラとサミュエルは雑誌に連載した記事をまとめ、出版することにしました。しかし、一冊にまとめてしまうと女性が購入するには高額になってしまいます。そこで、美しくデザインした袋に入れた小冊子を月刊で出すことに。三ペンスの小冊子を二年間、毎月買い続けると本一冊分になり、一シリング六ペンスという装丁《そうてい》料金を出せば版元《はんもと》が製本《せいほん》をしてくれる……そんな条件つきの販売でした。全巻を予約した人には金時計のおまけがつくという特典まで用意されていたそうです。

　しかし一冊の価格が低価格という利点はあるものの、買い忘れや、最後に装丁に出すのが面倒という意見も出たため、一八六一年一〇月一日、二年間分の小冊子を一冊にまとめ、『ビートンの家政本』として刊行したのです。販売価格は七シリング六ペンスでした。

　この本は出版されてからわずか一年の間に六万部を売り上げます。イザベラ自身が著者であると誤解されることが多いのですが、タイトルの〈ビートンズ〉は「ビートンの会社」という意味であり（彼らは他に『ビートンの辞書《ビートンズ・ディクショナリー》』『ビートンの《ビートンズ・》

『ビートンの家政本』初版本の表紙。現在、初版本の復刻版が発刊されていますが、オリジナルにはプレミアがついています。（Beeton's Book of Household Management / 1861年版）

日々の庭仕事《エブリデイ・ガーデニング》』など、同様の「ビートン」の名のつく書籍を複数出版しています)、イザベラの立場は、あくまでも編集者でした。

イザベラの死とサミュエルのその後

一八五七年、イザベラとサミュエルの間に誕生した待望の長男は、不幸なことに、生後まもなく亡くなってしまいます。息子を亡くした月、イザベラは深い悲しみのためか、雑誌のコラムを休載《きゅうさい》しています。彼女が夫の会社の仕事を本格的に手伝いはじめたのは長男を亡くしてからなので、妻の寂しさを紛らわそうと、夫サミュエルが仕事を勧めたのかもしれません。

次いで一八五九年に誕生した次男も、三歳で他界しました。イザベラの母は多産で、兄弟姉妹も健康体だったので、イザベラの出産に対するイメージは二人の子どもの死によって大きく変わってしまったにちがいありません。『ビートンの家政本』出版後の一八六三年に誕生した三男オーチャート、一八六五年に誕生した四男メイソンは、ともに一九四七年まで生きました。しかし、四男メイソン誕生から数日後の二月三日、イザベラは産《さん》褥熱《じょくねつ》のためこの世を去ります。二八歳でした。

妻の突然の死に、サミュエルは深い悲しみで気持ちが沈みます。イザベラの実家からは、主婦業だけでなく会社でもイザベラを酷使《こくし》したことが原因だったのでは……と非難を受けます。

不運はさらに続き、イザベラの死から一年後、サミュエルは取引先銀行の倒産《とうさん》に巻き込まれ、破産《はさん》してしまいます。この破産により、サミュエルはイザベラとともに生み出した『ビートンの家政本』の版権《はんけん》をライバル会社だった「ワード・ロック・アンド・タイラー社」に売却し、自身はその会社の社員とならざるをえませんでした。売却金額はたった一八〇〇ポンドでした。

会社員となったサミュエルの年収は四〇〇ポンドと、自身の会社の既刊本と新たに出版を担当した本の収益の一部でした。この金額は、『ビートンの家政本』が初版時から一八六八年までの期間に二〇〇万部も売れていたことを考えると、少ない金額だったといえるでしょう。サミュエルはもう一度自分の会社を興《おこ》したいと願っていましたが、一八七七年に肺《はい》結核《けっかく》で死去。イザベラとサミュエルの亡《なき》骸《がら》は、南ロンドンのウェスト・ノーウッド墓地に埋葬《まいそう》されています。

ビートン家の墓石。ウェスト・ノーウッドの墓地には、ビートン小路と名づけられた道があります。(2015年撮影)

『ビートンの家政本』の魅力

『ビートンの家政本』が他の家政本に比べ、なぜ多くの中産階級の女性に支持されたのか、その魅力と内容を紹介しましょう。

レシピの数の多さ

全一一一二頁中、レシピは九〇〇頁にわたり記載されています。その数はなんと一八〇〇以上。現在の出版物でも一冊にそれだけの数のレシピが掲載されている本はそうはないでしょう。まるで百科事典のような分厚さです。

試作・試食・工夫を加えた多様なレシピ

そのレシピのうち、イザベラ本人が提案したレシピは一〇もありませんでした。

イザベラは新米主婦で、特別に料理上手ではなかったのです。彼女は英国の家庭に伝わる伝統料理、投稿された読者からのレシピ、友人から提供されたレシピを、自宅のキッチンで、料理人やキッチンメイドたちと協力し合い、片っ端から試作、試食して、手順を見直し、分量計算をし、その結果を取りまとめ編集したのです。

1370 *Bills of Fare.*

3097.—DINNERS FOR SIX PERSONS.—MARCH.

I. Menu. (*English.*)	Recipe No.	Quantity.	Aver'ge Cost. (s. d.)	Menu. (*French.*)
Oxtail Soup.	366	2½ pts.	2 6	Potage de Queue de Bœuf.
Soles with Cream Sauce.	556	1 pair	3 0	Soles à la Crême.
Whitebait.	583	2 pts.	4 0	Blanchailles.
Rissolettes of Hare.	1425	6	2 0	Rissolettes de Levraut.
Saddle of Mutton.	1107	1 joint	8 0	Selle de Mouton.
Ducklings.	1291	2 birds	6 0	Canetons.
Maraschino Jelly.	2006	1 mld.	2 6	Gelée au Marasquin.
Iced Pudding.	1788	1	5 0	Pouding Glacée.
Vegetables with joint — *Potatoes.*	1602	2 lbs.	0 2	*Légumes* — *Pommes de Terre.*
Vegetables with joint — *Spinach.*	1630	2 lbs.	0 6	*Légumes* — *Epinards.*
			1 13 8	

3月の6人分のディナーの献立例。選ばれた料理のレシピ番号や、価格の目安も記載されており、とても親切です。（Mrs. Beeton's Book of Household Management / 1888年版）

LEMON CAKE.

1764. INGREDIENTS.—10 eggs, 3 tablespoonfuls of orange-flower water, ¾ lb. of pounded loaf sugar, 1 lemon, ¾ lb. of flour.

Mode.—Separate the whites from the yolks of the eggs; whisk the former to a stiff froth; add the orange-flower water, the sugar, grated lemon-rind, and mix these ingredients well together. Then beat the yolks of the eggs, and add them, with the lemon-juice, to the whites, &c.; dredge in the flour gradually; keep beating the mixture well; put it into a buttered mould, and bake the cake about an hour, or rather longer. The addition of a little butter, beaten to a cream, we think, would improve this cake.

Time.—About 1 hour. *Average cost*, 1s. 4d.

Seasonable at any time.

CAKE-MOULD.

レモン・ケーキのレシピ。現在のレシピと比較すると、やや大ざっぱに感じますが、当時としてはとても詳細でした。（Beeton's Book of Household Management / 1861年版）

人数や月替わりで献立を組み合わせ

おもてなし料理のメニューを、人数、そして月ごとの献立《こんだて》に組み立てた記事が別に添えられていたことも読者を喜ばせました。

現在の日本の家庭料理でも献立の組み合わせは主婦にとって悩みどころの一つです。ついつい同じ組み合わせになってしまったり、選んだ献立が同時進行で作るには難しかったり。多人数の来客をもてなすためには、それなりの経験が必要です。初心者の立場を重視したイザベラの家政本には、献立の構成が六人分、一〇人分など、人数に合わせて掲載されていました。

たとえば、三月の献立表は一八人分と、一〇人分、八人分の献立が一種類、そして六人分の献立が四種類となっています。膨大な量のレシピと、複数の献立の組み合わせが載っていれば、どんなに愛読者が多くても、交際している家庭のもてなしのコース内容がすべてかぶってしまうという最悪の事態は避けられたことでしょう。

食材の分量や調理時間、費用の目安を明記

肉、野菜、塩など、食材の分量や調理

豊富な食材を適切な方法で調理し、美しく盛りつける。ゲストの喜ぶ顔が想像できます。
(Beeton's Book of Household Management / 1880年版)

時間や、費用の目安が記載されていたことも、主婦層に支持された理由です。ヴィクトリア朝では料理は家庭内で受け継いでいくものとされていたため、当時出回っていた料理本には分量は書かれていないことが普通だったのです。掲載したレシピを誰もが適確に再現できるように配慮した編集内容は、新米主婦に大歓迎されました。

作りおきできる料理の多さ

掲載された料理は食事の始まる前に作りおきできるものが多く、客人が来てから調理する料理がほとんどないのも特徴でした。これならば新米主婦でも、使用人の人数が少なくても、ホステス役としてテーブルに優雅に座っていられます。

彼女の編集したレシピはまさに〝実践〟で使えるものだったのです。

旬の食材の時期と保存方法を紹介

ヴィクトリア朝は植民地《しょくみんち》から新しい食材が豊富に入ってきた時代でもあります。女性たちは「旬《しゅん》の食材《しょくざい》」を覚えるのに大変苦労していました。イザベラは家政本で、肉、魚、野菜、果物などから、毎月の旬の食材を紹介しました。もちろん月替わりのレシピでも旬の食材を上手

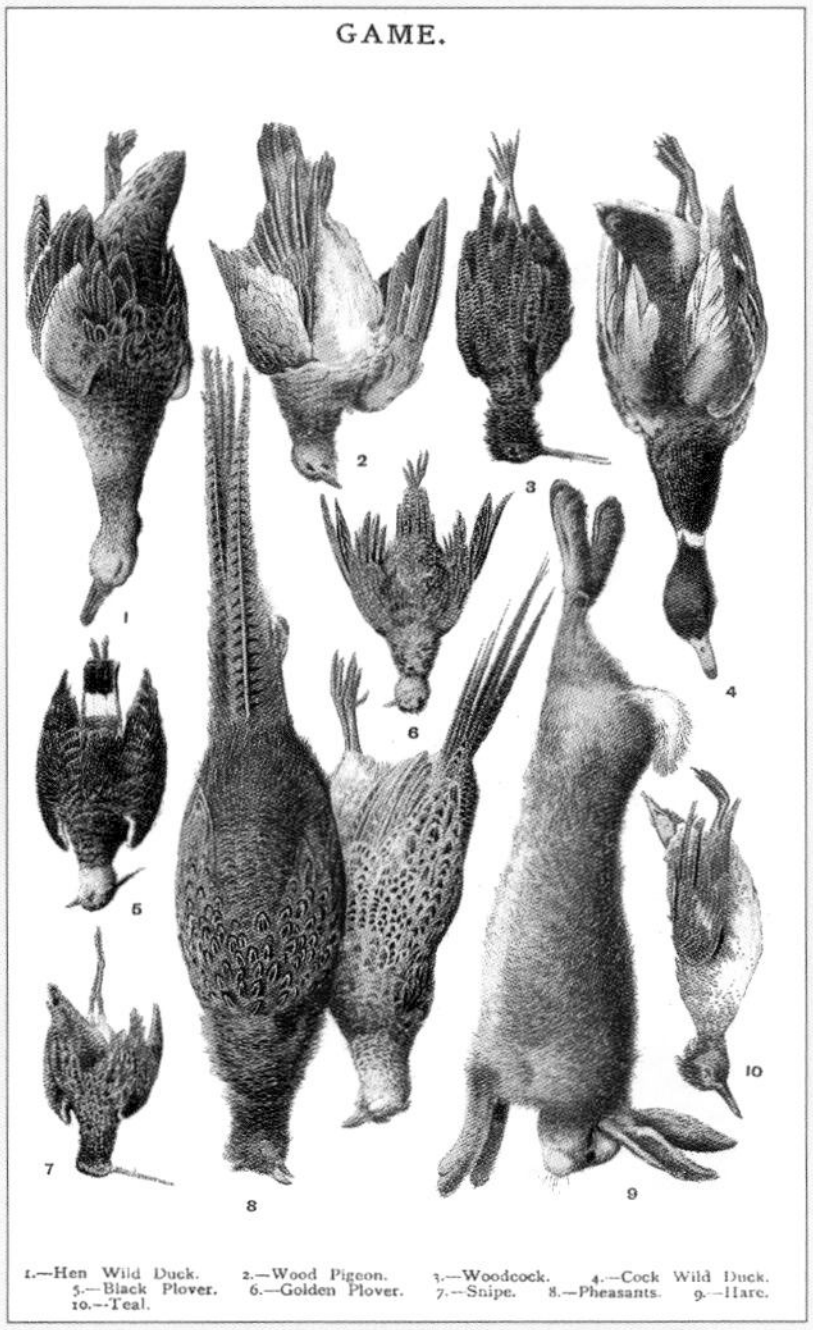

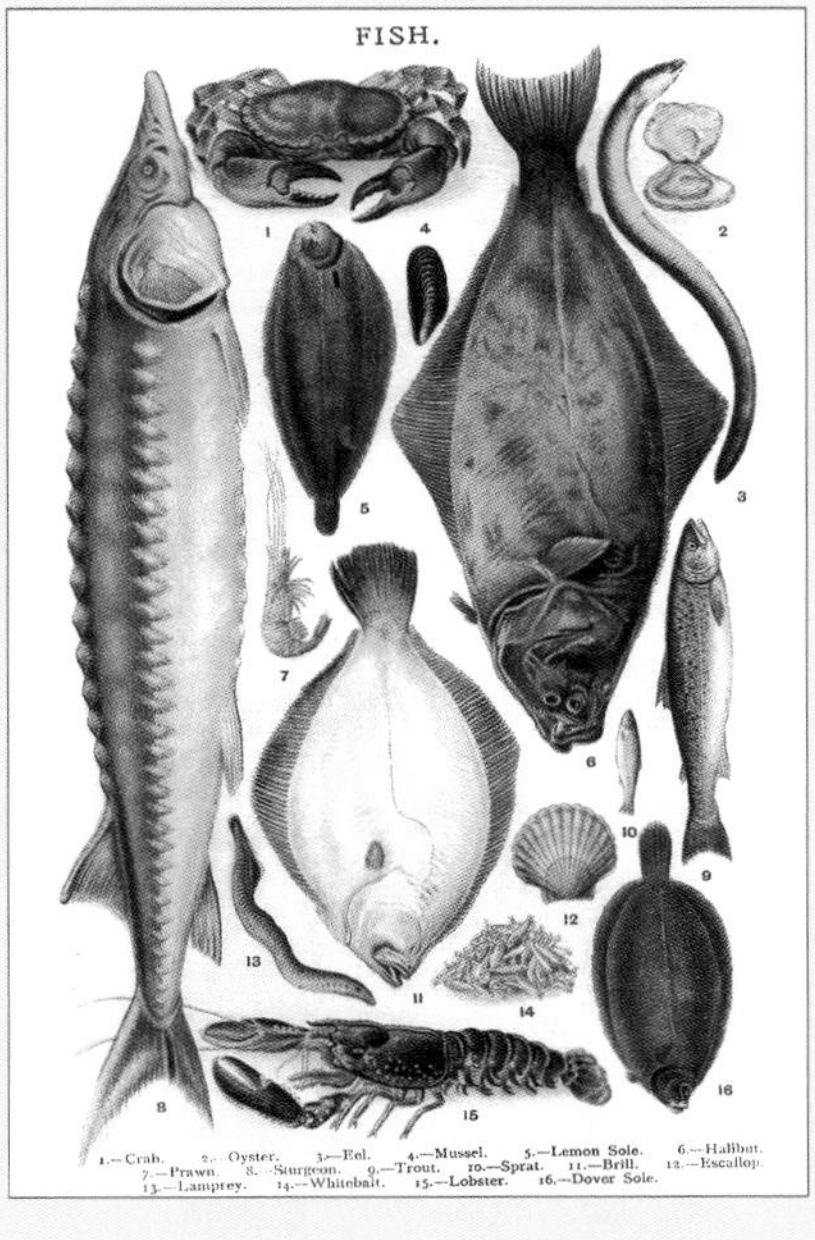

鳥、魚、フルーツがイラストつきで紹介されています。
(Mrs. Beeton's Book of Household Management / 1906年版)

に取り上げました。また、冷蔵庫のなかったこの時代、食材の管理は主婦にとって大きな悩みでした。イザベラは食材の保管方法、保管場所についても丁寧《ていねい》に解説しました。

家事用具をイラスト入りで紹介

新米主婦がまずそろえたほうがよいと思われる家事用具一式についても価格の目安、使い勝手など詳細なアドバイスを掲載しました。レシピに材料の分量をあげているため、家庭の台所で使う道具の

家事用具の紹介頁。（Mrs. Beeton's Book of Household Management / 1906年版）

なかで最も大切なのは「計量器《けいりょうき》」との記載もあります。

保存容器や、おもてなし用の食器にいたるまで、必要最低限の道具から高級品までが紹介されています。それぞれの道具にイメージがわきやすいイラストがついていたことにも、読者は感激したそうです。

使用人の雇い方や指導方法も伝授

この家政本にはホストとして尊敬される振る舞いができるようにと、家長である夫の理想像や、対人マナー、使用人の雇い方や指導方法までもが記載されていました。

ヴィクトリア朝の中産階級の家庭には使用人が最低一人はいました。しかし、使用人の出身階級はたいてい雇い主側よりも貧困な家庭です。そのため、雇い主の求める料理は見たことも食べたこともないのが当たり前。経験不足のメイドでも主婦が監督し、適確な指示を出すことで、家庭を運営するのにおおいに役に立つことをイザベラは信じていました。

また、家政本には「家庭の医学」「法律」についての記述もあります。これらは彼女の友人の医師や弁護士の協力がありました。まさに百科事典といってもよい、内容の濃厚な家政本。海外留学をした先進的な女性であったイザベラは、外国の友人から教わった料理のレシピも積極的に取り入れ、視野の広さも見せました。

また自らの主張を述べる際には、高名な詩人の詩句や、小説の引用なども多用し、説得力を持たせたのです。『ビートンの家政本』からは、イザベラの教養の高さ、編集能力の素晴らしさが垣間見《かいまみ》られ、同じ年頃の女性はイザベラに憧《あこが》れを抱いたにちがいありません。この本を購入した女性に、イザベラ自身のファンになる人が多かったというのもうなずけます。

彼女は家政本の冒頭《ぼうとう》の挨拶で、このようなことを述べています。

「正直にいって、こんなに大変な仕事だと前もってわかっていたら、この本に取りかかる勇気を持てなかったにちがいないでしょう」

彼女は掲載したレシピをすべて、自らの家庭で調理作成していたのですから、その労力は計り知れません。採用されなかったレシピも多数あるそうなので、試作数はさらに膨大だったでしょう。

イザベラはこうも書いています。

「今や男性は、家の外のクラブや、居心地のよい居酒屋《タバーン》や食堂などですごす時間が多くなっています。こうした魅力的な場所と張り合うには、主婦は料理の作り方に熟達し、快適な家庭を作り維持するための技術に精通している必要があるのです」

夫を家庭に引きとめたい、そんなヴィクトリア朝の女性の心情、恋愛結婚をした愛しい夫サミュエルへの想いがうかがえます。イザベラはこの本の編集には多くの友人や専門家の助けがあり、そして読者からの手紙に励まされたとも述べています。

「私がこの仕事に費やしてきた四年間に受けた親切なお手紙と励ましの言葉に敬意を表したいと思います。これからも、同じ境遇の方々にこの本が受け入れられることを信じています」

等身大のイザベラの謙虚《けんきょ》な姿勢こそが、多くの読者の共感を呼んだともいえるでしょう。

現在でも愛される『ビートンの家政本』

イザベラとサミュエルの元を離れた『ビートンの家政本』は、その後、時代の変化に合わせて何度も改訂《かいてい》が重ねられ

（Beeton's Book of Household Management / 1880年版）

『ビートンの家政本』は、版によりイラストが異なりました。1861年版、1880年版、1888年版のクリスマス・プラム・プディングのイラストです。

（Beeton's Book of Household Management / 1861年版）

ました。一九六〇年代に出された最後の版は、古い英語の語句を現代用語に置き換え、調理道具や、家族形態の変化などに対応。そのため、残念ながらイザベラの作った初版内容をそのまま記載したものは、ほぼなくなってしまいました。

また、発行年が違うと、頁数やイラス

トも変わることから、『ビートンの家政本』はコレクターの多い古書アイテムとしても知られています。たとえば、一八六一年の初版本は一一一二頁、一八八八年版は一六四四頁、一九〇六年版は最も分厚い二〇五六頁、一九二三年版は一六八〇頁となっており、イラストの内容、枚数も違っています。本の大きさも発行年により微妙に異なり、初版本はやや小ぶりのサイズとなっています。改訂版のなかには、本文の前後に広告が入っているものもあり、時代を映しだす広告記事も現在の私たちにとっては興味深い資料となっています。

イザベラとサミュエルを取り上げた伝記や、家政本の一部の分野を抜粋《ばっすい》した本や雑誌も多数の国で出版されています。二〇〇六年には英国で『The Secret Life《ビートン夫人の》 of Mrs. Beeton《秘密の生涯》』のドラマも放映されました。イザベラの生涯はとても短く、記録も少なく、現在伝えられていることがすべて事実ではないでしょうが、そのミステリアスさも私たちを魅了する理由の一つなのかもしれません。

さて、次の章からは、ヴィクトリア朝に『ビートンの家政本』の読者であった中産階級の女性が、家庭を持ち、新生活を切り盛りするなかで、どのようにイザベラの教えを参考にし、実践していたかを紹介していきます。

(Mrs. Beeton's Book of Household Management / 1888年版)

『ビートンの家政本』関連の書籍は、現在も人気です。

第2章 ウェディング

結婚から始まる自分の家庭——。
ヴィクトリア朝、女性たちにとっての最重要事項は
「結婚して家庭」を持つことでした。
幸運を得た女性は、晴れの場の結婚式の準備に夢中になります。

結婚事情

ヴィクトリア朝のおもてなしは「家庭」で行われていました。それを切り盛りしていたのは、家長の妻である女主人。女性にとってそれは最大の「仕事」と見なされていました。日本とは異なり、結婚した男女は両親と同居せず、別の家に住むことが慣行となっている英国では、「結婚」をしない女性は仕事をしていないのも同じ、実家で肩身の狭い思いをしていたようです。

ヴィクトリア朝の平均結婚年齢は、男女ともに二五～二六歳。階級が上流になるほど、女性は二〇歳前に婚約するのが理想とされていました。社交界デビューが一六～一八歳だったので、初々《ういうい》しさのある数年のうちにお相手を決めるということでしょうか。ちなみに結婚可能年齢は一八七五年の法律で一三歳と定められていました。

前章でご紹介した『ビートンの家政本』を編集したイザベラ・メアリー・ビートンは一九歳で婚約、二〇歳で結婚しているので、中産階級としては平均的だったといえるでしょう。ヴィクトリア朝は両親がお膳立《ぜんだ》てしての見合い結婚がまだ主流でしたが、イザベラのように両親の反対を押し切って恋愛結婚をする女性もわずかながらいました。イザベラは、愛する男性との結婚という、ヴィクトリア朝

大学に通う婚約者と再会した女性。ヴィクトリア朝では、男性側に財力がつくまで、結婚はするべきでないと考える両親が多かったため、婚約期間は長いのが普通でした。(The Illustrated London News / 1883年9月29日)

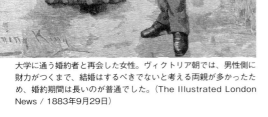

の女性の夢を叶《かな》えた存在だったといえるでしょう。オスカー・ワイルド（一八五四〜一九〇〇）の戯曲『まじめが肝心』（一八九五年初演）のなかにも、男性の生い立ちが原因で女性の母親に結婚を反対されるカップルが登場し、こういうセリフがあります。

グゥエンドレン：アーネスト、あたしたちね、結婚できないかもしれなくってよ。ママのあの顔色じゃ、とてもできそうにないわ。ちかごろの親なんて、子供のいうことをてんで聞こうとしないのね。若者を尊敬するあの古風な習慣は、どんどんすたれつつあるわ。（中略）ママの反対でふたりが夫婦になれず、あたしがだれかほかの人と結婚する、しかもなんべんも結婚するにしても、たとえママがどんなことをしようと、あなたにたいする永遠の愛情を変えることはできないわよ。

このカップルはその後はどうなったのか、ぜひ戯曲を読んでみてください。

恋人からの手紙を見つめる女性。愛を育むうえで、手紙のやりとりは欠かせないものでした。
（The Illustrated London News / 1884年2月16日）

ラブレター

結婚をしていない男女が二人きりで会うことがご法度《はっと》だったヴィクトリア朝。恋愛中の男女がよく交わしていたのが手紙です。イザベラが婚約中にサミュエルと交わした手紙が残っています。イザベラは手紙のなかでたびたび「人に見つかると困るので、この手紙は読んだら処分を」と頼みましたが、サミュエルの死後たくさんの手紙がコートのポケットや机の引き出しから見つかりました。ちょっとのぞいてみましょう。

「あなたは今日何をしていたの？　あなたは私がどんなにあなたを恋しく思い、寂しかったか想像できますか？　鳥のように飛ぶことができて、あなたのそばに一日中静かにとどまっていることができたらいいのに。一〇〇万回のキスをあなたに」

「日曜日に一人でしなくてはいけないことがとても多いの。だから私があなたの元に行けなくても悪く思わないで。あなたが来週いつロンドンに来るのか教えてください。私の心はすべてあなたへの愛でいっぱいです。私はあなたのものです」

「私はあなたに手紙を書かずに眠ることができません。無意味な行為を許してね。私の大切な天使があなたの上にやってきて楽しい夢をあなたに見せてくれることを、あなたのベラは誠実な愛情で想っています。……この手紙は読んだらすぐに燃やしてくださいね」

ヴィクトリア女王が身にまとった白いドレス、ヴェール、オレンジの花の髪飾りは、ヴィクトリア朝の結婚式を象徴する衣装となりました。(Queen Victoria Prince Albert / 1862年版)

イザベラのラブレターはなかなか情熱的です。

ウェディングドレス

ヴィクトリア朝の婚礼衣装は、王室の影響を多大に受けました。現在ウェディングドレスの定番《ていばん》とされている「白いドレス」はこの時代に定着したものです。イザベラは結婚式で白い絹のウェディングドレスを着ています。

白いドレスが定着する以前は、ウェディングドレスは色が濃く、王族のものであっても色生地に金糸や銀糸などで装飾をしたスタイルが主流でした。それが、一八四〇年に結婚したヴィクトリア女王（一八一九～一九〇一）が「純潔」を表すために乳白色の絹で作ったドレスを着たことで、白のドレスをまとうことが流行し、定番化していったのです。

女王のウェディングドレスにはデボンシャーのホニトンレースが使われました。ホニトンレースは、一六世紀後半にオランダからデボンシャーに移ったフランドル人が伝えたとされるボビンレースで、花や葉などの渦巻き状のデザインが特徴です。

ヴェールと髪飾り

ホニトンレースはヴィクトリア女王のヴェールにも使われ、女王の顔を隠さないようにつけられました。当時ホニトンレースはベルギーのブラッセルレースに押さ

訪問着、ウェディングドレスなど、結婚の際に女性側がそろえる衣装がまとめて掲載されているファッションカタログ。
（The Queen, The Lady's Newspaper / 1878年3月30日）

生花と異なり、枯れない陶花は非常に便利でした。

れて、衰退していましたが、女王が結婚式で身につけたことで産業が活性化。このことで女王の評価は大きく高まりました。

ヴェールは結婚式後、家族の重要な行事などでも使用され、娘や孫に受け継がれていきました。女王のヴェールは末娘に譲られたそうです。

オレンジの花の髪飾りもヴィクトリア女王の結婚式によって定番化しました。オレンジの花は白く清らかで花嫁の純潔を表し、実をたわわに実らせることから繁栄と多産のシンボルとされました。しかしオレンジの開花期間は非常に短いため、花嫁の花飾りとして生花を使うことは難しく、造花や陶花で代替、ティアラなどに使われました。女王は夫となるアルバート公（一八一九～一八六一）から、オレンジの花の陶花のブローチをプレゼントされ、それに合わせておそろいのティアラとイヤリングを新調しました。

王室にしては異例の恋愛結婚を叶えた純真で清純な若きヴィクトリア女王のウエディングファッションは、パレードを見送る英国民はもちろん、そこに集う外国の人々にも、新しい英国の誕生を印象づけました。産業革命により印刷技術も進歩し、女王の結婚式の様子は新聞や雑誌でも大きく扱われたため、上流階級の花嫁がこれに倣《なら》い、そこから中産階級にも広まりました。このようなヴィクトリア女王の結婚式の衣装一式は、現在ケンジントン宮殿で公開され、人気を博しています。

中産階級の花嫁支度

ビートン社の刊行物『英国婦人家庭雑誌』一八七二年の六月号には、牧師見習いの男性に嫁ぐ一九歳の読者からの質問と、編集部からの回答が掲載されています。

質問「花嫁支度の資金五〇ポンドのなかで、白いサテンのウェディングドレスと、ホニトンレースのヴェールを購入してもいいでしょうか」

回答「私たちは、彼女の可愛らしい願いにノーと言います。身分の高い人用の高価なウェディングドレスは、牧師見習いの花嫁には不要ですし、またふさわしくもありません。それでは、結婚式の衣装だけで五〇ポンドをほぼ使い切ってしまうでしょう」

花嫁支度のなかには結婚式当日の衣装だけでなく、結婚後数年間分のドレス、下着類、帽子、ショール、靴なども含まれていました。前述の回答の続きには、スマートで淑女《しゅくじょ》らしく見える花嫁衣装として、シンプルな白のモスリンのドレスと、安価なチュールのヴェールが勧められています。そしてそのドレスの結婚式後のリメイク方法までもがアドバイスされていました！　また、結婚後に身につける機会がほとんどないヴェールではなく、白いボンネットを選択する中産階級の花嫁も増えているという例も伝えています。

理想と現実に折り合いをつける……これはヴィクトリア朝も今の時代もそう変わりません。イザベラは、白い絹のウェディングドレスを着ましたが、ヴェールではなく白いボンネット姿で披露宴に臨んでいます。このように、結婚式の準備を通して、女性たちは自分の親が用意できる支度金、そして結婚相手の収入などを推し量り、身《み》の丈《たけ》に合った経済観念を身につけていったのでしょう。

『英国家庭婦人雑誌』に描かれた中産階級の結婚式の様子。白いウェディングドレスとヴェール、花飾りは欠かせません。（The Englishwoman's Domestic Magazine. New Series. Vol.Ⅷ / 1864年版）

婚約指輪

宝石のついた婚約指輪と、ゴールドの結婚指輪の二つを、花嫁に贈る習慣もヴィクトリア朝に確立しました。ヴィクトリア女王は婚約指輪として、エメラルドが施された「スネーク・リング」を選びました。蛇には永遠を象徴する意味があり、このリングも女王の影響で大流行しました。さらにヴィクトリア女王が最愛の夫アルバート公から最初にプレゼントされたブローチに使われていたブルーサファイアも、婚約指輪の宝石として好まれるようになりました。

ヴィクトリア女王とアルバート公の結婚指輪の交換の瞬間を描いた1枚。（Reign of Queen Victoria / 1840年版）

ロイヤルファミリーの影響で大流行したアイシングが施されたウェディングケーキ。華やかなケーキは人目を引いたことでしょう。（Mrs. Beeton's Book of Household Management / 1888年版）

サムシングフォー

現在にも伝わっている「サムシングフォー」と呼ばれる習慣も、ヴィクトリア朝に始まりました。英国の伝承童謡マザーグースの歌詞に、結婚式の際は「なにか一つ古いもの、なにか一つ新しいもの、なにか一つ借りたもの、なにか一つ青いもの、そして靴の中には六ペンス銀貨を」とあります。当時の結婚は一族の繁栄を象徴する行事でしたので、マザーグースの歌詞も花嫁の父の立場で解釈されていました。「サムシングオールド」は、新婦の一族の歴史の証《あかし》として古いものを。「サムシングニュー」は、新婦の父親が用意した新しい品を。「サムシングボロード」は、幸せな結婚をした親戚や知人など先輩夫婦にあやかれるように、その方たちから借りたものを。「サムシングブルー」はキリスト教にとって純潔を表す青いものを。結婚により両家が結びつき、新婦の実家がより潤うように……との意味で習慣化されました。しかし現在は花嫁自身の幸せを願う意味と解釈されています。

ウェディングケーキ

披露宴の様子はどうだったのでしょう。ヴィクトリア女王の披露宴では、直径九〇センチ、高さ三〇センチ、重さ三〇〇ポンド（約一三五キログラム）のウェディングケーキが二台用意されました。アイシングが施されたケーキの上には、夫アルバート公の出身国であるドイツと、英国の国旗に、新婚カップルの像や結婚生活の至福《しふく》の象徴であるキジバトや愛犬などがマジパンで作られ、サイドには造花の薔薇やガーランド（花綱）が飾られたそうです。

しかし一段のケーキだったため遠くの列席者からは見えなかったので、女王は王子、王女の結婚式のときには、ウェディングケーキを段重ねにするよう指示したといわれています。

イザベラの家政本の中にも一七五三番に、そんな女王の披露宴の影響を受けたと思われる「リッチ・ブライド・ケーキ」（二四頁参照）という名前のウェディングケーキのレシピがあります。大きなフルーツケーキにアーモンドのアイシングを施したもので、段数は一段です。

当時ケーキは家庭で用意するものでした。専任のパティシエを雇っている上流階級は別として、中産階級の家庭では、使用人だけでなく、花嫁自身も協力し、一家でケーキを作ったと思われます。イザベラは「このタイプの大きなケーキを焼く場合は、オーブンの温度にとくに気をつけなければなりません」と注意を促しています。

ちなみに、ケーキカットはもともと花嫁の役目でしたが、アイシングがとても硬かったため、なかなかナイフの刃が入らなかったようです。首尾よくナイフが入れば拍手喝采《はくしゅかっさい》でしたが、自然のなりゆきとして花婿が手を貸すようになり、今日の形に定着したといわれています。一八八〇年代をすぎると、中産階級を対象にした女性雑誌に、ウェディングケーキを専門に扱うケーキ店の広告が頻繁に掲載されるようになります。これは製菓店の作るウェディングケーキが商業ベースにのったことを示しています。

ウェディングブレックファスト

結婚披露宴は「ウェディングブレックファスト」と呼ばれていました。『ビートンの家政本』の初版本で、ウェディングブレックファスト用として勧めるパーティーメニューは七〇～八〇人分の内容になっており、当時のウェディングブレックファストが大勢の人を呼んで盛大に行われていたことがうかがえます。

『ビートンの家政本』一八八八年版の三〇〇三番では「ウェディングブレックファスト」という項目がきちんと設けられています。ホテルなどでの大人数のパーティーを想定した現在の披露宴に近い献立内容になっており、ケーキだけでも一〇台以上を用意するように書かれています。

イザベラ自身のウェディングブレックファストはこうでした。招かれた人々は待合室でシャンパンを楽しんだあと、会場に入り、素晴らしい料理と、義父ヘンリーが用意した高級なワインを楽しみました。その豪華さと素晴らしさは家族のなかで長く語り継がれたそうです。

ウェディングブレックファストのおもてなしは現在も王室などに継承されており、二〇一一年のケンブリッジ公ウィリアム王子（一九八二～）とキャサリン・エリザベス・ミドルトン（一九八二～）のウェディングブレックファストは、祖母であるエリザベス二世（一九二六～）の主催で行われ、前菜が八種類、メインが六種類、デザートメニューが八種類も

イザベラ流　1753番

リッチ・ブライド・ケーキ

材料（1ポンドは約453g、1パイントは約473mL）

きめの細かい小麦粉 5ポンド、
フレッシュバター 3ポンド、カラント 5ポンド、
ふるった砂糖 2ポンド、ナツメグ 2個、
メース 1/4ポンド、クローブ 1/4ポンド、
卵 16個、スイートアーモンド 1ポンド、
シトロンの砂糖漬け 1/2ポンド、
オレンジピールの砂糖漬けとレモンピール 各1/2ポンド、
ワイン 1/4パイント、ブランデー 1/4パイント

作り方

できるだけきめの細かい小麦粉を使い、よく乾燥させてふるいましょう。カラントを洗い、火の前で乾燥させます。砕いた砂糖をよくふるい、ナツメグはすりおろします。スパイスは砕いておきましょう。

卵は白身と黄身に分け、それぞれ泡だて器でよく溶いておきます。アーモンドに少しオレンジフラワー水を加え、砂糖漬けのピールはスライスしておきます。

バターをクリーム状になるまで混ぜ、砂糖を加えて混ぜたあと、硬く泡立てた卵白と合わせてさらにかき混ぜます。次に黄身を加え10分ほどよくかき混ぜましょう。小麦粉とナツメグ、メース、クローブを加え、少なくとも30分以上の長い時間をかけて混ぜ合わせます。さらにカラントとアーモンドとピール、ワインとブランデーを加えていきましょう。

バターを塗った紙を底に敷いた丸い型に生地を流し込み、素早くオーブンに入れて焼きます。焦げないように注意を。焦げるのを防止するため、ケーキの上をシートで覆ってもよいでしょう。中まで焼けているかを確かめるために、ナイフをケーキの真ん中に刺し、刃にベタベタと生地がついていないかよく見て確認しましょう。これらのケーキはその後アーモンドアイシングの厚い層で覆い、その上にさらに砂糖のアイシングを飾るのが普通ですが、やりすぎないように。これらの作業はケーキが適温になってからやりましょう。

並ぶ豪華さだったそうです。

　そして食事の終わりには、伝統的なウェディングケーキと、花婿の希望したチョコレートケーキが振る舞われました。

　また、この結婚を記念して、英国のフォートナム&メイソン社からは、「ウェディングブレックファスト」という名の紅茶も販売されています。このブレンドティーには、王子がキャサリン妃にプロポーズをした場所であるケニアの茶葉が使われています。

ウェディングブレックファストを描いた1枚。家族とのアットホームな披露宴のようです。(The Health of The Bride / Black and White / 1892年10月22日)

ウェディングティー

『ビートンの家政本』一八八八年版には、よほど「食」に重きをおいたフランス人的な考え方の家庭でない限り、近年の中産階級の披露宴で好まれるのは軽食のおもてなし「ウェディングティー」である、と書かれています。ウェディングブレックファストと比べて経済的なことも支持されたようです。同書三二〇二番に紹介されているウェディングティーの、六〇

「ウェディングブレックファスト」のタイトルがついた1枚。会場はホテルでしょうか。どんなご馳走がサービスされたのでしょうか。(Huntley & Palmers Biscuits / 1879年版)

3202.—WEDDING TEAS.

BUFFET TEA FOR SIXTY GUESTS AT AFTERNOON WEDDING.

Menus for Wedding Teas.

No. 1.—SUMMER.		No. 2.—WINTER.	
Salmon Sandwiches.	Strawberries.	Foie-gras Sandwiches.	Macaroons.
Cucumber Sandwiches.	Grapes. Cherries.	Game Sandwiches.	Rout Cakes.
Chicken and Ham Sandwiches.	—	Caviare Sandwiches.	Grapes.
Salad Sandwiches.	Ices of two kinds.	Turkey & Tongue Sandwiches.	—
—	Various Wines.	—	Port. Sherry.
Wedding Cake.	Claret Cup.	Wedding Cake.	Champagne.
Small Rout Cakes.	Champagne Cup.	Pastry Sandwiches.	Liqueur.
Fancy Cakes. Ratafias.	Tea. Coffee.	Madeira Cake.	Tea. Coffee.

『ビートンの家政本』に掲載されている60人分のウェディングティーのメニュー。軽食といってもかなりの品数です。
(Mrs. Beeton's Book of Household Management / 1888年版)

人分の結婚披露宴のメニューを見てみましょう。

メニューは夏と冬用の二パターンが掲載されています。夏のサンドウィッチは「サーモン」「キュウリ」「チキン&ハム」「野菜」、冬は「フォアグラ」「ジビエ」「キャビア」「七面鳥と牛タン」と食材が変えられていますが、どちらも贅沢な具材が使われています。「ウェディングケーキ」はもちろん、現在でも英国菓子の定番となっている「マデイラケーキ」も登場しています。飲み物も、アルコールの種類が季節により異なります。そしてもちろ

イザベラ流　2501番

マデイラケーキ (1888年版より)

材料

バター 1ポンド、小麦粉 1と1/2ポンド、
砕いた砂糖 3/4ポンド、レモンのすりおろし 1個、
ピールの砂糖漬け 2オンス、卵 9個

作り方

バターをクリーム状になるまでよくかき混ぜます。そこに砂糖と小麦粉をふるって加え、かき混ぜます。さらに、溶いた卵を加えてかき混ぜたあと、レモンのすりおろしを加え、かき混ぜます。バターを塗った型に生地を流し入れ、最後にピールのスライスをトップに飾り、高温のオーブンに入れて1時間30分～2時間焼きます。

ウェディングプレゼントは、結婚式の前から新婦の自宅に届きます。プレゼントを部屋に陳列し、親戚や知人に披露する家庭もありました。（The Illustrated Sporting and Dramatic News / 1883年2月10日）

新婦に届いたウェディングプレゼントを祖母らしき女性が吟味しています。テーブルの上には家政本らしき分厚い書物もあります。（Wedding Presents / 1880年版）

ん、紅茶、コーヒーも準備されていました。

　伝統的なウェディングブレックファストのメニューでは前菜、メインに肉料理や魚料理と、数十種類の料理が作られるのに対し、ウェディングティーのメニューはあくまで軽食です。作りおきできるメニューで構成され、経済的にも安価なウェディングティーのメニューは、子どもの洗礼式後のパーティーにも活用され、その会場は、ホテルまたは両親の家が多かったようです。

　『ビートンの家政本』には、別のスタイルのウェディングティーも紹介されています。それは、主に新婚カップルの新居で用いられました。「家庭招待会《アットホーム》」（四八頁参照）と似た雰囲気だと説明されています。家庭招待会とはオープンハウスのようなもので、指定された日にちに、来客が自由に花嫁花婿に挨拶に来ます。来客者が多数に及ぶため、一人の訪問時間は短めだったようです。通常の家庭招待会よりも上質な軽食が用意され、花嫁はウェディングケーキをカットして、来客に幸せのおすそ分けをしたそうです。

ウェディングプレゼント

　新婚カップルへの豪華な贈り物の数々がゲストの目を引いたと記録されているイザベラ自身の結婚披露宴。ウェディングプレゼントの習慣は一八五〇年頃から始まりました。ヴィクトリア女王の王子や王女たちが結婚する際は、どこのブランドのどの商品がプレゼントに使用されたのかが、新聞や雑誌でも細かく紹介され、人々の話題となりました。

　中産階級のウェディングプレゼントとして伝統的に好まれたのが、パーティーで使用できる扇や髪飾り、新生活で使用できる銀器や高級グラス、陶磁器製品でした。イザベラも、純銀のティーポットやトーストラックをプレゼントされています。純銀のティーポットには、「S.I.B (Samuel and Isabella Beeton)」の刻印が施されていました。ちなみに義父ヘンリーは、彼女にとても高価な「白いピアノ」をプレゼントしますが、これはそれまでないタイプの贈り物だったため、その型破りさに賛否両論が囁かれたとか。中産階級でも年収が低く、料理人を雇うことが困難な家の花嫁には、『ビートンの家政本』のような、実用書が贈られることも多かったようです。

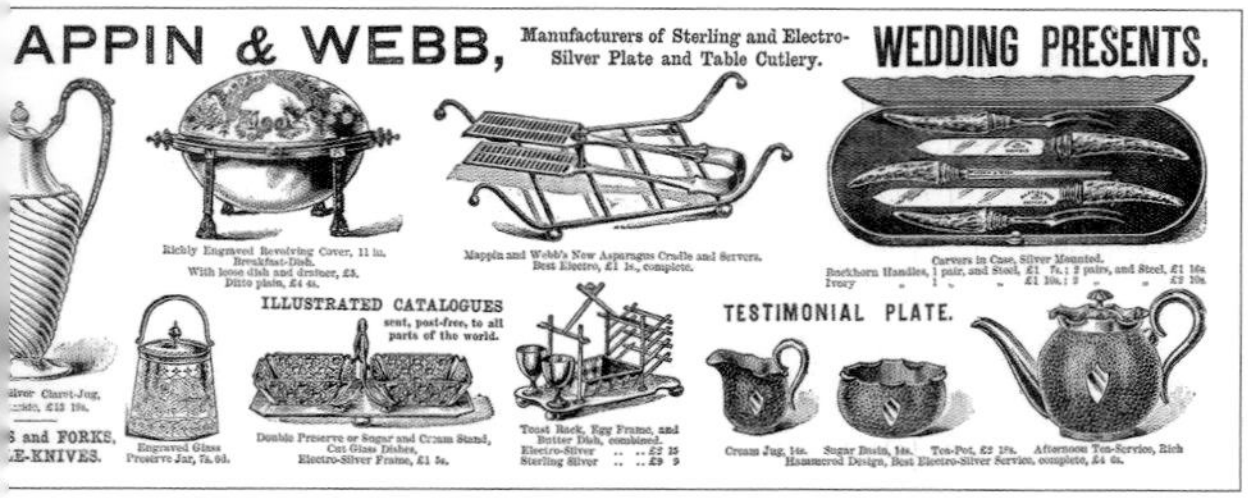

マッピン＆ウェブ社のウェディングプレゼントの広告。美しいシルバーのテーブルウェアは女性たちの憧れでした。（1888年版）

ハネムーン

披露宴を終えた新婚カップルはハネムーンへと旅立ちます。このハネムーン事情もヴィクトリア朝に大きく変化しました。もともとハネムーンは、結婚式に出席できなかった親戚宅を訪問することを目的として始まったもので、たいてい新郎か新婦の姉妹、そして母親を伴うものでした。ハネムーンという言葉も一八世紀後半に定着したようで、それまでは、ブライダルトリップ、ブライダルツアーなどと呼ばれていました。

ハネムーンが今日のような新婚カップル二人の旅に変化したのは、鉄道の普及で、移動が楽になったうえに、旅費も安くなったからです。人気スポットは王侯貴族の保養地として名の知られていた温泉地のバース、海辺のリゾート地・ブライトン。地方に住む人たちは、ロンドンでした。旅行日数は、当時の小説などを見ると一〇日間前後が一般的だったようです。

もちろん海外に出かける夫婦もいました。イザベラはハネムーン先に、南フランスとドイツを選び、自身が留学していたハイデルベルクにも立ち寄っています。サミュエル曰《いわ》く、それはさながら「大陸レース」のような、欲張りで慌《あわ》ただしい旅行だったそうです。のちに二人はこの旅行中に見聞きしたことも仕事に生かしています。若さにあふれ、そしてフランス語、ドイツ語が得意だったイザベラらしいハネムーンだったといえるでしょう。

「ハネムーン」のタイトルがつけられたイラスト。このカップル、どうやら大喧嘩をしたあとのようで、床には割れた食器の破片が散らばっています。夫が甘い言葉を囁いて、妻をなだめているようです。（The Illustrated Sporting and Dramatic News / 1882年10月19日）

湖畔でお茶を楽しみながらくつろぐ新婚カップル。（1896年版）

ちなみに上流階級のハネムーンは、伝統にのっとり、親しい知人のカントリーハウスを訪ねたり、複数の領地を持っている家では遠方の領地を訪れたりするのが主流で、カップル二人ではなく、家族も同行することが多かったようです。

ベッドティー（アーリーモーニングティー）

ハネムーンで新婦が初めて体験するのが、「ベッドティー」または「アーリーモーニングティー」と呼ばれる、夫から妻への紅茶サービス。まだベッドで寝ている妻の元に、夫が愛を込めて紅茶つきの朝食を運ぶのです。ベッドティー専用のトレイや、テーブルも販売されていたというのは驚きです。

ベッドティーはもともと上流階級の既婚女性が、部屋つきのメイドに朝食を自室に運ばせていた習慣を模倣したものです。英国で一〇〇〇万人以上が視聴した大人気ドラマ『ダウントン・アビー——貴族とメイドと相続人』のシーズン1のなかにも、伯爵夫人がメイドに紅茶つきの朝食を運ばせるシーンがありました。

夫婦仲のよい家庭では、ハネムーンのあとも妻の誕生日や週末などに、ベッドティーが行われました。もちろん中産階級でも上位に属している家庭は、使用人にその役目をさせることもありました。その場合は一家の主もベッドティーの対象になりました。アーサー・コナン・ドイル（一八五九〜一九三〇）の著書『シャーロック・ホームズ』シリーズの『入院患者』（一八九三年）のなかにも、この習慣を持つ人物が登場します。自殺した男性をいつ発見したのかと聞くホームズに、発見者がこう言うのです。「あの人は毎朝早くお茶を持ってこさせる習慣なのですが、けさ七時に女中がそれを持っていってみると、部屋のまんなかにぶら下がっていたのです。重いランプをつるす釘に紐をかけて、きのうごらんになった金庫の上からとんだのです」

ベッドティーの習慣はヴィクトリア朝に英国の植民地支配を受けていた国にも伝わり、現在、インドやスリランカのホテルでも目覚めの一杯のサービスが定着しています。

さて、新婚旅行から帰ってきた二人は、いよいよ新居での生活を始めます。

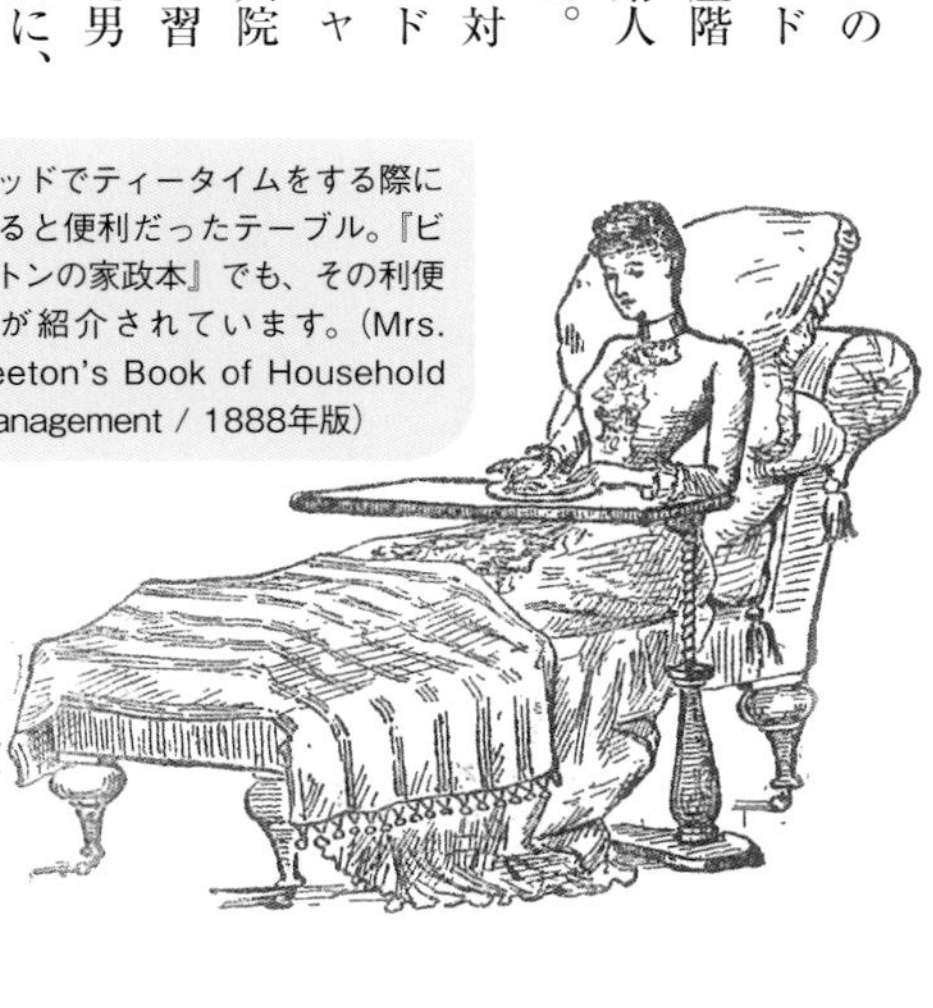

ベッドでティータイムをする際にあると便利だったテーブル。『ビートンの家政本』でも、その利便性が紹介されています。（Mrs. Beeton's Book of Household Management / 1888年版）

第3章

新生活

女主人という名誉を手に入れた女性たちの次の関心は
新居とそのインテリア、食器――。しかし楽しいことばかりではなく、
使用人との複雑な関係も待ち構えているのです！
何もかも初めて尽くしの彼女たちの新生活とは――。

住宅スタイル

ヴィクトリア朝、新居は男性側が用意することが多かったようです。第2章でご紹介した『ビートンの家政本』を編集したイザベラの場合も、夫サミュエルが結婚前に新居を借りています。二人の新居はロンドン郊外の新興住宅地ピナーにありました。そこは、イザベラのような新婚カップルも多く住んでいた地域です。夫妻の新居は賃貸物件で「セミ・デタッチド・ハウス」と呼ばれる、一八四〇年頃から流行したスタイルでした。イザベラの家政本によると、ヴィクトリア朝では、家を購入することはまれで、ほとんどの人が賃貸住宅に住んでいました。

セミ・デタッチド・ハウスは一棟を左右に分割して二世帯が住めるようにした建物で、最小規模の集合住宅ともいえま

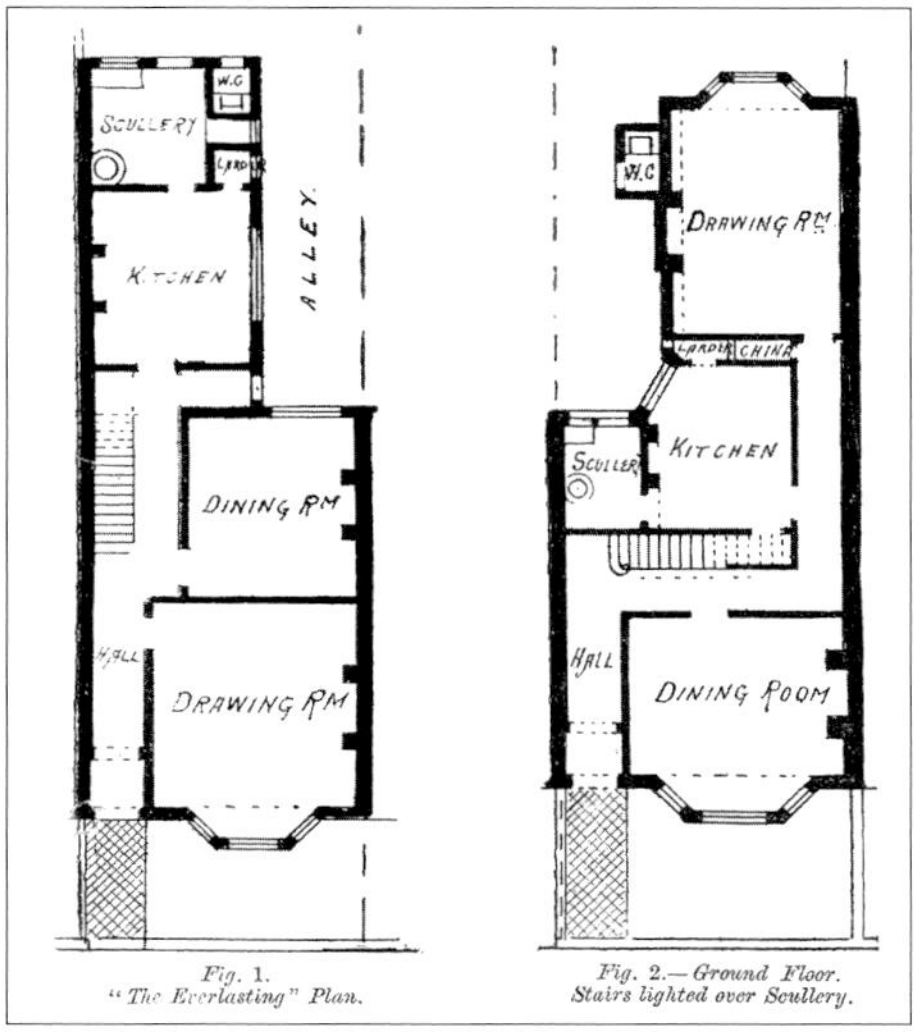

都心のテラス・ハウスの間取り。キッチン、ダイニングルーム、ドローイングルームは同じフロアに置かれることが多かったようです。（The Builder / 1890年3月31日）

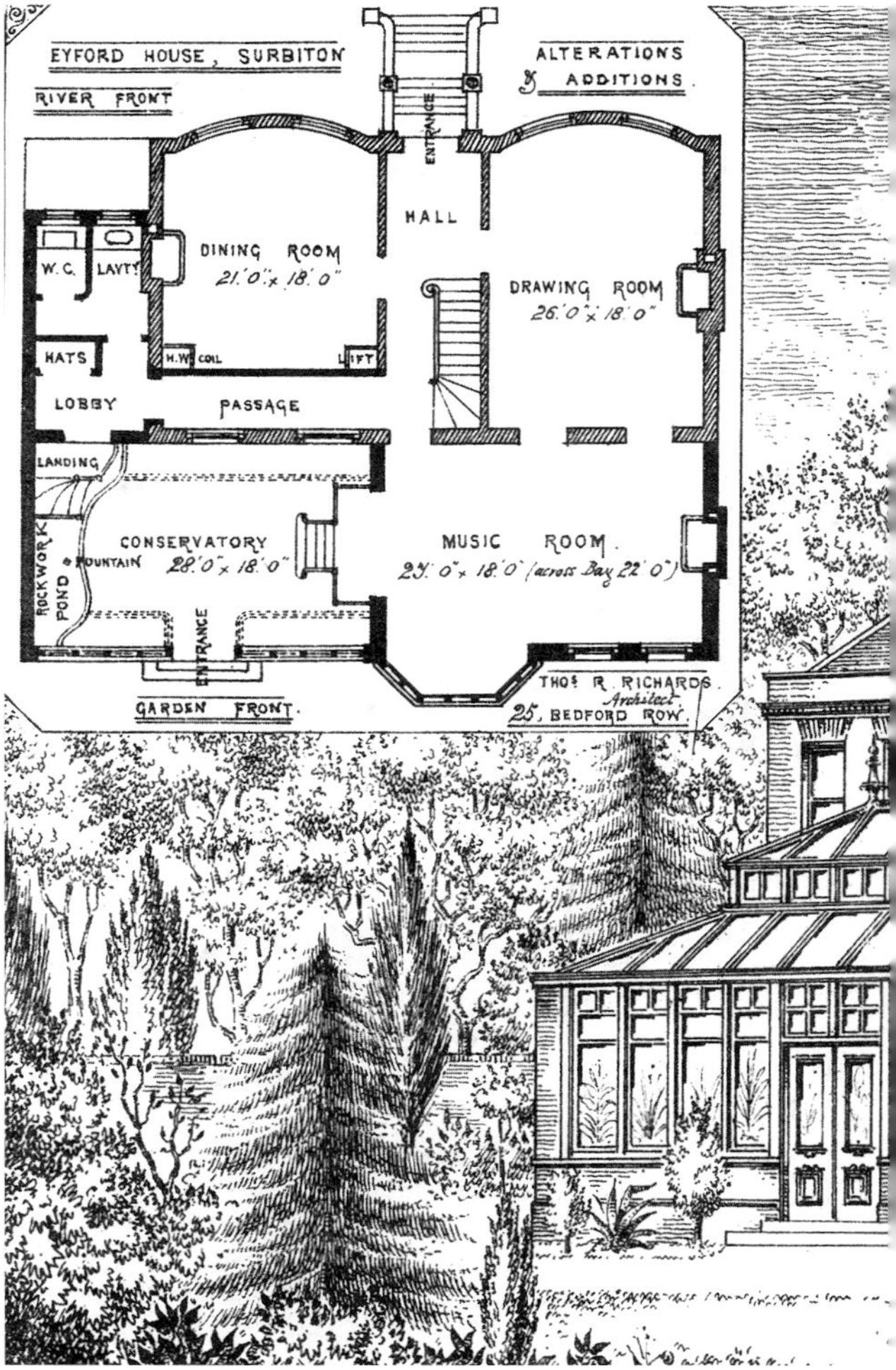

中産階級の憧れだった一軒家デタッチド・ハウス。ドローイングルームのほかに、音楽専用の部屋、コンサバトリーまで設置されている大型住宅です。
（The Architect / 1890年2月21日）

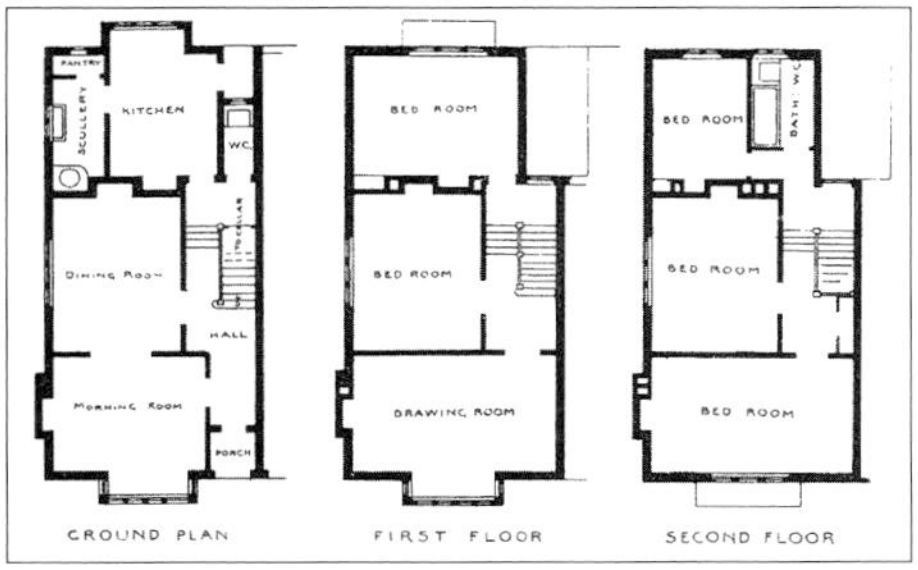

イザベラの新居と同じセミ・デタッチド・ハウスの不動産広告。屋根や窓に当時流行のヴィクトリアン・ゴシック様式を取り入れています。日差しの入る朝食専用の部屋、ドローイングルーム、ダイニングルーム、そして5つのベッドルームがある恵まれた住宅です。（The Building News / 1881年9月9日）

す。外観はほとんど一戸建ての住宅に近いものの、立面は左右対称になっています。一軒家に住みたい、でもそこまでのお金がないという中産階級の人々には、比較的低価格で一戸建て風の住宅に住めるということで、人気となりました。

　当時の英国にあった他の住宅スタイルを説明しましょう。都市部で人気だったのが、上流階級向けの「マンション・フラット」、中産階級向けの「テラス・ハウス」と呼ばれるマンションタイプの住宅です。日本の長屋に相当する集合住宅ですが、一つの家が、建物の地下から最上階までを縦長に保有するスタイルで、それが横に連続する大型住宅になっています。

　二階建ての小さな住居が連続する「フラット」は、労働者階級向きの住宅として普及しました。そして一軒家の「デタッチド・ハウス」、こちらは比較的郊外の大型のものでした。デタッチド・ハウスを小さくしたものが、外観はデタッチド・ハウス、でも中身は二連の住宅となっている「セミ・デタッチド・ハウス」なのです。住宅の外観、間取りの特徴については、前頁に当時の不動産広告を掲載しましたのでご覧ください。

新居選びのポイント

『ビートンの家政本』でイザベラは住居を選ぶ際のポイントとして、「環境」を考慮する必要があると述べています。家の方角は、日当たりのよい、南方または南西向きにするよう勧めていますが、ヴィクトリア朝の英国では、北向きを希望する人も多くいました。高価なカーテンや家具が日差しで傷むことを防ぐためです。エドワード・モーガン・フォスター（一八七九〜一九七〇）の小説『眺めのいい部屋』（一九〇八年）にもこんなくだりが出てきます。

　カーテンがふたつに分かれた。セシルが最初に浮かべた表情は、苛立ちのそれだった。家具を長持ちさせるために家の中を暗くしておくハニーチャーチ家の習慣は、セシルには我慢できないものだった。彼は本能的にカーテンをぎりぎりまで押しやり、カーテンがそのままぶらさがって揺れるのにまかせた。光が入ってきた。

　また、工業地帯に住む場合は、工場からの排気が生活の快適さと家族の健康に大きくかかわるので、慎重に見極める必要がありました。商業の取引が行われる街の中心部に家を借りる場合は、騒音を考慮しなければならないと説いています。

　さらに住居選びでは、排水や排気の良し悪しを調べる必要性を訴えています。なかでも「水」はマラリア、下痢《げり》、発熱、コレラの感染の要因になるため、とくに重要視しなくてはいけない……と。当時中産階級が住む住宅のほとんどは、水道が設備されていて、蛇口《じゃぐち》をひねれば水が出ました。しかしその水が汚染されていたら大変です。引っ越し前に水について調査することは決して大げさなことではないと、イザベラは読者に訴えました。

　家賃は「その居住者の収入の八分の一を超えてはいけない」と主張。裕福な義父の元で育ったにもかかわらず、イザベラの経済観念はとてもシビアです。彼女のこのような考え方は、分不相応な住宅を夢見る若い女性たちに現実を教えました。

　家賃だけでなく、大家との人間関係、設備の不備など、賃貸物件につきまとうトラブルは現在と同じです。家政本の法律の項目では賃貸物件のトラブルの解決策について、弁護士の意見も紹介されています。

引っ越しの挨拶

念願の新居に越したあと、最初にすべきこと。それは、近隣の住民とのコミュニケーションでした。イザベラは「近所付き合いはとても大切なことであり、それは一家の女主人の責務《せきむ》である」と述べています。日本では引っ越しをしたら近隣に挨拶に行く習慣がありますが、ヴィ

庭師とともにガーデニングにいそしむ女主人。美しい庭は家庭のゆとりを表しました。(Garden Work in June-Bedding out / The Graphic / 1870年6月4日)

クトリア朝の習慣では、それはしてはいけないことでした。自ら率先して挨拶に行くのは先方の意向を無視した行為であるとされたのです。挨拶は、あくまでも長くそこに住んでいた近隣住民からするものなので、先方から「挨拶したいと思われる人物になること」が重要でした。

そして、先方が挨拶に来てくれたら、礼儀としてこちらも一週間以内に先方宅を訪問すべきである、もし礼儀を守らなければ、その後のお付き合いは絶望的であろう……とイザベラは述べています。

紹介状

では、先方が訪ねてくれるのを待つだけでよいのでしょうか。誰も訪ねてこない可能性もあります。

イザベラはここで「紹介状」の活用を勧めています。両親や親戚、信頼できる友人が、引っ越し先の地域に知人を持っている場合、自分の身分を保障してくれる紹介状をお願いするといいでしょう、と。その紹介状と、自分の名刺を同封し、教えてもらった住所に郵送すれば、よほどのことがない限り、二〜三日のうちにはその隣人が訪ねてきてくれるというのです。

ちなみに、もし自分が誰かに紹介状を書いてほしいと依頼された場合「封をせずに渡すべきである」とイザベラは書いています。紹介状を頼んだ人は、自分のことをどんなふうに紹介してくれたかということが気になるものだから、読んでもいいことを暗に伝えるために、です。

自分の元に誰かから紹介状と名刺が届いた場合には、その紹介状を書いた人物に「紹介状を受け取ったこと」「なるべく速やかにそのお宅を訪問するべく努力をすること」をきちんと報告するようにとアドバイスしています。このような小さな礼儀の重なり合いが、ヴィクトリア朝の地域のコミュニケーションを円滑にしていったのです。

フロントガーデン

ヴィクトリア朝の人々は近隣住民への印象をよくするために、家の前の「フロントガーデン」の手入れに力を注ぎました。英国の典型的な住居には「フロントガーデン」と「バックヤード」と呼ばれる二つの庭があります。

　表からは見えない庭であるバックヤードは、主に家族や親しい友人がくつろぐため、また果物や野菜などを栽培することを目的とした庭であるのに対し、フロントガーデンは家の顔となる位置づけで、近隣の住居とのバランスを考え、街の景観を彩る公の庭と考えられていました。

　そのため、フロントガーデンの手入れを怠ると「だらしない人が住んでいる」という印象を持たれてしまう恐れがありました。イザベラは庭師を雇っていたので、この庭師が家の体面《たいめん》を守るため、美しいフロントガーデンを作っていたことでしょう。彼女の義妹によると、イザベラはこのフロントガーデンでの「ツツジ」の植え方について庭師と相談していたそうです。

　また、出窓《でまど》のディスプレイを外から美しく見えるように整えることも、「家主のセンス」や「余裕のある生活をしていること」をアピールするために役立ちました。このような地道な努力が、先方からの挨拶につながっていったのでしょう。「玄関は家の顔」とする日本人の感覚と近い考えかもしれません。

ヴィクトリアン・インテリア

　いつ誰が訪ねてきても恥ずかしくないように、家の中を整えることも一家の主婦の責務でした。女主人の趣味を反映させ、かつ派手になりすぎず、居《い》心地《ごこち》のよい空間作りが求められました。新婚の女性たちは、住居の壁紙などを自分好みに変え、お気に入りの家具を買い求めました。当時の新聞には連日、流行の家具の広告が載っていました。イザベラは母のお気に入りの家具店で家具を購入し、室内はベージュ色を基調にコーディネート、ダイニングにもしゃれた壁紙を貼ったそうです。

　当時の中産階級の好んだインテリアは、現在も「ヴィクトリアン・インテリア」として継承されています。簡単にいうと、ヴィクトリアン・インテリアは「ミック

家具の広告。ヴィクトリア朝の家具は竹や籐など東洋の素材を使用することも多く、個性的なものがたくさんありました。スリーティアーズと呼ばれる３段のスタンド（左上）も販売されています。（The Illustrated London News / 1894年12月1日）

新聞に載った家具の広告。家具選びは女主人のセンスが問われたので、みな真剣でした。（The Graphic / 1880年7月17日）

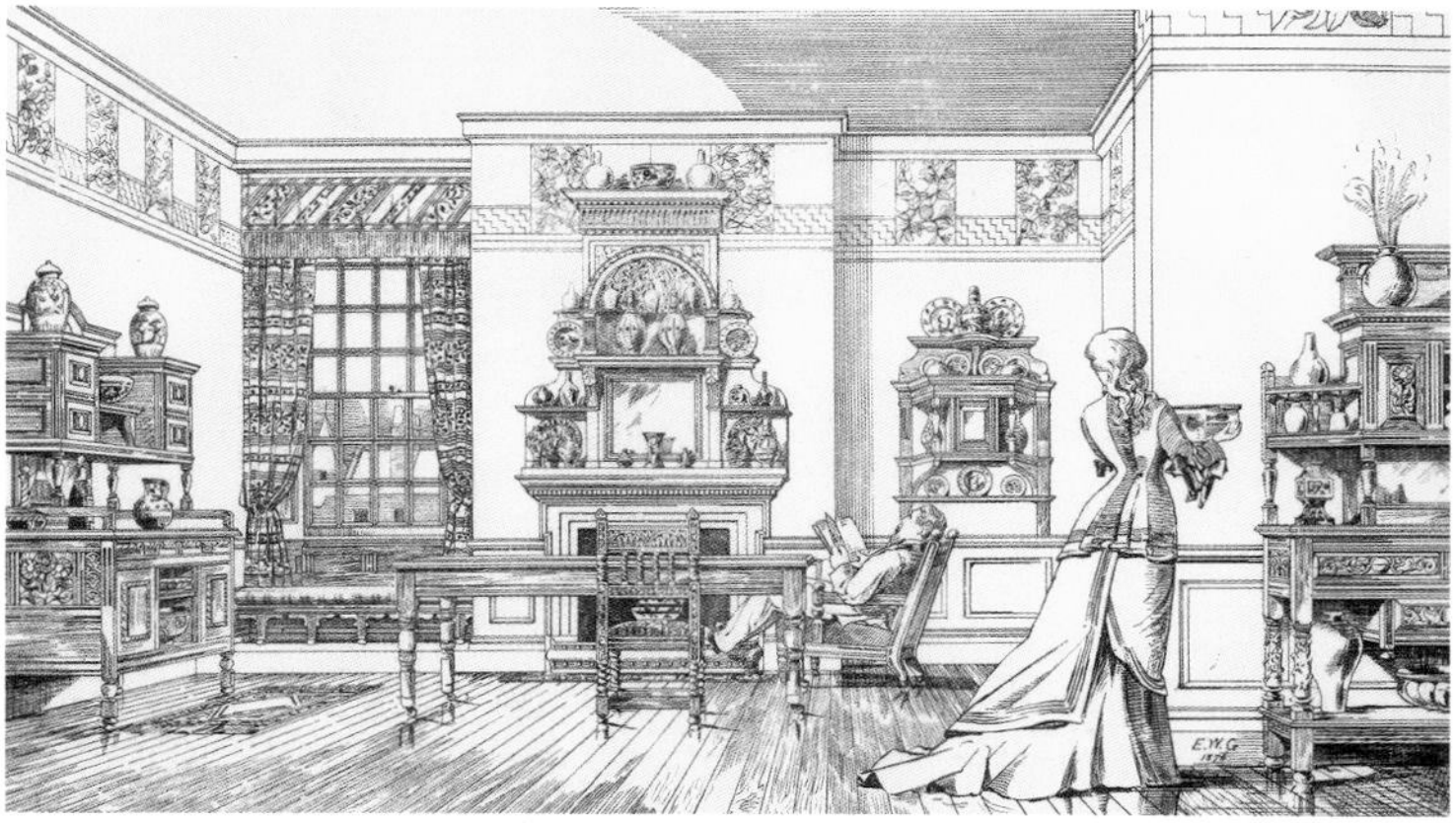

中世の手仕事を取り入れた「ヴィクトリアン・ゴシック」で彩られた室内。（The Building News / 1876年11月17日）

ミントン社のタイルはヴィクトリア朝の中産階級の憧れの建材でした。（1851年版）

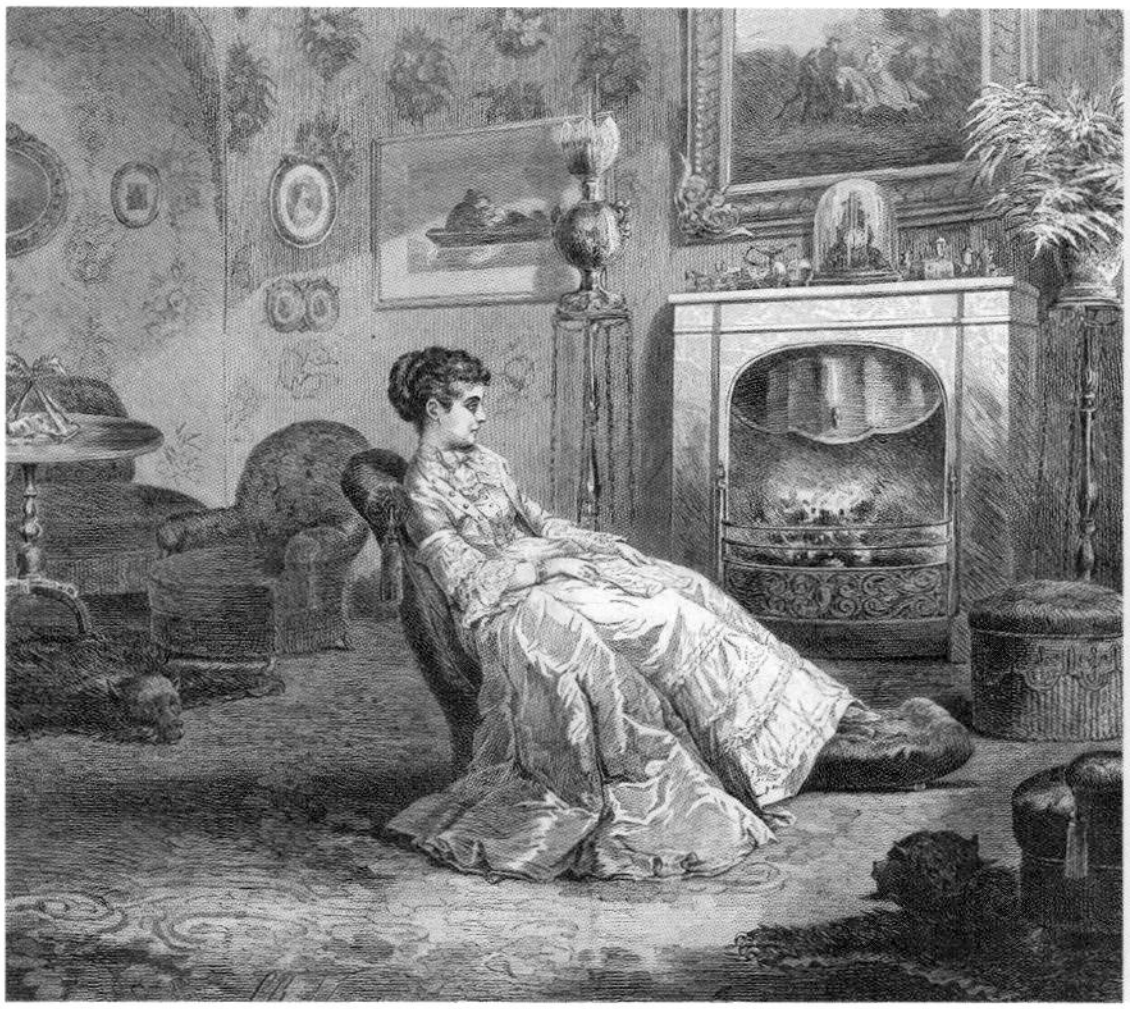

お気に入りのインテリア空間でくつろぐ女主人。（Pictures in The Fire / The Aldine, The Art Journal of America / 1875年版）

ス様式」といえます。上流階級の館のインテリアは、ひと部屋ごとに様式が統一されていました。玄関はその屋敷が建った時代のジャコビアン様式、応接間であるドローイングルームはクィーンアン様式……といった具合に、内装・家具・調度品もすべて同じ様式で統一するのが基本です。土地があり、部屋を改装しなくても、増築という方法で新しい様式を取り入れられた上流階級ならではの完璧《かんぺき》なやり方です。

　しかし中産階級の人々にはとても同じことはできません。室内を完全にリフォームしなければ異なる雰囲気の部屋を作ることはできませんでした。それも限られた狭い土地の中でです。そのため、室内には異なる様式の家具や調度品が混在することが普通でした。

　とくにヴィクトリア朝は、スエズ運河開通に伴うエジプトの影響、ジャポニスムブームによる日本風のインテリアの流行など、海外からさまざまな影響を受けた時代。さらに、それまで教会や上流階級の館でしか見ることができなかった手作りのタイル装飾やステンドガラスといった、中世を代表する建材が産業技術の進化で安く手に入るようになり、それを用いた「ヴィクトリアン・ゴシック」の流行も始まりました。

あらゆる時代、さまざまな国の文化が自然に混在するようになっていくと、どの壁紙とどの家具を組み合わせていくかは、家主、とくに女主人のセンスによることになります。上流階級からすればおかしな組み合わせでも、中産階級では「居心地のよい」部屋が完成すればそれでよしとされたのです。

購買意欲の高かった中産階級層は、限られたスペースの中で、インテリアに情熱を注ぎました。主導権を握っていたのは圧倒的に女主人です。家のなかで長い時間をすごす自分自身が居心地よく、かつ仕事から疲れて帰ってくる夫を癒《いや》す空間作りは、主婦にとって自分の能力を発揮できる楽しみの一つでもありました。

客人を招き入れるドローイングルームまたはパーラー、そしてダイニングルームにいたる廊下に関しては、女主人がとくに力を入れたので、過剰ともいえる装飾が施されるようになっていきます。

当時の中産階級は装飾されていないシンプルな部屋を見ると「装飾をするお金がない家」と受け止めていたようで、互いの見栄もあり、時には壁紙が額絵でほぼ見えなくなってしまうほどの装飾がなされることもありました。

とくに部屋の第一印象を決めるフォーカルポイント（中心）となる暖炉まわりの装飾にはお金がかけられました。しかし新婚ほやほやの若い女性に、完璧なインテリアセンスが備わっていたとは思えません。おそらく、新婦の母や親戚、または、さまざまな家での勤務経験のあるハウスメイドのアドバイスもあったにちがいありません。

暖炉は家のシンボルでした。マントルピースのデザイン、周辺の飾りに対しても、気が遣われました。（A Chimney Piece / 1862年版）

チャイナキャビネット

高価な食器を陳列し、インテリアデコレーションとして活用できるチャイナキャビネット（ガラス戸のついた食器陳列棚）は、客人を招く部屋の家具として人気がありました。日常用の食器は台所に収納し、お気に入りの高価な食器はインテリアの一部として、あえて見えるようにチャイナキャビネットに飾ったのです。

　このようなチャイナキャビネットはガラス税が撤廃された一八四五年以降、中産階級の家庭に急速に普及しました。余裕のある家では、陶磁器用とグラス用の二つのキャビネットを室内に設置しました。食器の陳列の仕方も女主人のセンスが問われました。左右対称《シンメトリー》に配置するのが基本でしたが、左右非対称《アン・シンメトリー》が特徴のジャポニスム文化の流行で、あえてそれを崩す並べ方も流行しました。

使用人の選び方

ヴィクトリア朝の中産階級家庭は、最低一人でも使用人を雇うことが普通でした。もし経済的な事情で使用人を雇えず、家の顔である玄関前の表札を女主人自らが磨くことになってしまったら、近所中の噂になってしまい、その後のお付き合いも敬遠されてしまいます。そういう事態に陥った女主人が、早朝まだ誰も外を歩いていないうちに表札を、いかにも使

台所で料理の下ごしらえをする使用人たち。
（The Graphic Christmas Number / 1873年12月25日）

「推薦状」を持って面接に来た使用人を、審査している女主人。この使用人は雇用されたのでしょうか。
（The Letter of Recommendation / Chares Baugniet / 1899年 / 1903年版）

用人が磨いたかのようにピカピカにした、などという笑い話も多々伝わっているほどです。

　イザベラも新婚当初から、二人のハウスメイドを雇っていました。使用人の雇用に関しては、直接指示をする女主人の意向が重視されたため、面接も女主人自らが行いました。優秀な人材を雇えるかは、女主人の器量《きりょう》にもかかってきました。使用人を紹介してくれる登録機関もありましたが、それよりも友人や知人の紹介のほうが信頼できるという意見が多数でした。

「もしできるならば、以前の雇い主に直接会うことをお勧めします」とイザベラは書いています。以前に雇われていた家の階級や、室内の様子を見れば、その使用人の能力が推測できるからです。もし以前の雇い主と幸運にも面会ができたら、使用人にとって最も大切となる「正直さや道徳感」に関することを聞きましょう、とも述べています。

　ヴィトクリア朝の時代、台所の食材などの家計管理は使用人に任せることが大半だったため、金銭の管理面が信用できるかはとても重要な雇用条件だったからです。それらに問題がなければ、さらに他の適性などを確かめていきます。

　チャールズ・ディケンズ（一八一二～一八七〇）が一八四九年から雑誌に掲載した長編小説『デイヴィッド・コパフィールド』の主人公デイヴィッドは、恋愛の末、結婚した幼妻との新婚生活で、使用人の雇用に失敗します。

　妻のドーラは裕福な家で育ちましたが、母を早く亡くし、父に甘やかされ、パリで形ばかりの花嫁修業をしたものの家事能力はありませんでした。彼らが最初に雇ったメイドは時間にルーズで料理も下手、火の通っていない肉が出てくるありさま。さらに犯罪者の従兄弟《いとこ》を石炭の貯蔵場にかくまう不始末まで起こします。主人であるデイヴィッドは勇気を出しメイドにクビを宣言します。

　給料をやると、案外素直に出て行ったのには驚いたが、あとになってわかってみると、例の茶色の茶匙（家から

チャールズ・ディケンズ著『デイヴィッド・コパフィールド』の一場面。主人公がのちの妻となる愛らしいドーラに出会ったシーン。このカップルは幼稚さゆえにトラブルの多い新婚生活を送ることになります。（Dickens's David Copperfield / 1900年版）

紛失した）のことはもとより、近所の商人から私に無断で、私の名前まで使って、小金を借りているのである。

次に来たメイドは身体が弱く、次のメイドは気立てはよかったものの高価な物品の破損が多く解雇。四番目のメイドは、おっとりしている女主人ドーラの帽子を無断で拝借し市場に行く始末でした。さらには恐ろしく酒好きのメイドを雇ったときには、妻ドーラの名前でお酒を隠れて購入されてしまいます。

使用人に対する態度

冷静な目で使用人を選び、実際に自分の家に雇い入れたら、その管理を徹底しなくてはいけません。使用人の不正や怠慢に気づけないと、相手は女主人を見くびり、それが行動にも現れてきます。イザベラは女主人の心得として「使用人に指示を出す際は、あわてて、多くの用事を伝えないこと」と説いています。多くのことを頼んでしまうと、使用人はすべてを記憶できずに忘れてしまい、結果、叱る回数が増えてしまうからです。「使用人がすべき仕事をその都度、細かく分けてわかりやすくして理解させる」。これが、女主人の務めだというのです。

　女主人は常に余裕を持ち、威張《いば》りちらさず、慈悲《じひ》深く、しかし主人としての尊敬を得なければなりません。使用人に対して誰が主人なのかをはっきりさせる必要があります。前述の『デイヴィッド・コパフィールド』の若夫婦は、この威厳《いげん》が保てず、家庭生活を破滅《はめつ》させていきます。

「ねえ、ドーラ」とある日、私は妻に言った。「あのメリー・アンというのは、時間の観念があるのかねぇ?」「どうしたのよ?」彼女は、描いていた絵から顔を上げて、ぽかんとした顔で訊く。「だってもう五時だよ。食事は四時ってはずだったのに」

（中略）

洗濯中の使用人。窓から顔を出しているのは恋人でしょうか。使用人の恋愛は女主人から好まれないことも多かったため、密会を重ねる者もいました。（L'univers Illustre / 1865年版）

「少し強く言ってやったほうがいいんじゃないかねぇ！」「あら、駄目よ！　あたしには駄目よ、ドーディ！」「なぜ駄目なんだね？」私は静かに訊き返した。「だって、あたし、ひどいお馬鹿さんでしょう。それに、あの女、ちゃんとそれを知っているのよ！」

（中略）

「僕は、なにも君が悪いと言っているんじゃない」

「君、監督してやるようにしなくちゃいけないな――ね、ほんとにそうだよ。つまり僕のためにも、それから君自身のためにも、少しなんとかしなくちゃァ」

もちろん、気をつけていても不愉快な使用人に当たることもあるでしょう。しかし、いずれ自分が、使用人に対しての推薦状《すいせんじょう》を書く立場になった時には、感情のおもむくまま使用人に対する「非難」「悪口」を書き込むことは、自分の徳を下げると家政本には記されています。女主人には常に冷静に、客観的に物事を判断することが求められました。

茶道具のそろえ方

『ビートンの家政本』には、新居で最初に必要となる台所用品があげられており、

朝食用の食器一覧のイラスト。茶道具も含まれています。（Mrs. Beeton's Book of Household Management / 1888年版）

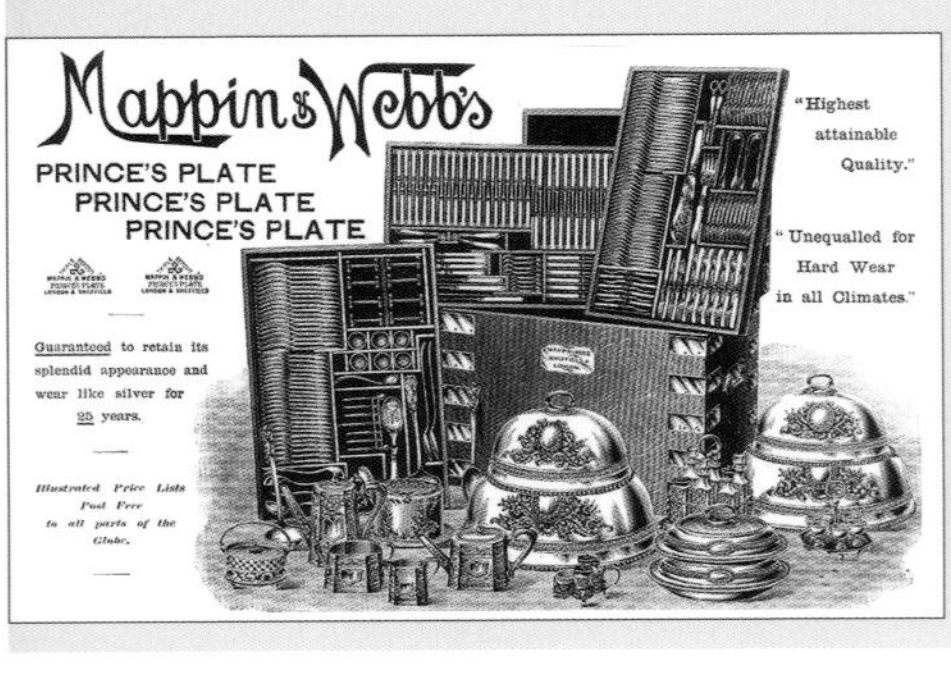

銀のティーセット、カトラリーは、次世代に遺す大切な財産でした。銀器は鍵がついた場所で保管されました。（The Illustrated London News / 1896年3月28日）

ティーカップや、お茶を淹《い》れるためのティーポットも含まれています。一八八八年版の家政本には、朝食の際に使用する食器が美しいイラストつきで紹介されています。イザベラが勧めた食器一覧は、現在ロンドンのヴィクトリア&アルバートミュージアムの英国ブースのなかに、解説を添えた形で展示され、来場者にヴィクトリア朝の中産階級の食卓を想像させる手助けをしています。

　ここで、最初のおもてなしにあたる茶会に必要とされる道具を紹介します。まず必要になるのが、お湯を沸かすティーケトルです。この時代、お湯を沸かす台所は階下にあったり、おもてなし用の居間から離れていることも多かったため、テーブルの上でお湯を再沸騰させられるアルコールランプがついたティーケトル、またはあらかじめ淹れておいた紅茶を保温したまま客人に提供できるティーアンが活用されていました。これらは純銀製が理想でしたが、手が出ない家庭では、工業技術の躍進で大量生産されるようになっていたシルバープレート（銀メッキ）製品を使いました。

　次に必要なのが、ティーポットです。こちらは純銀製、磁器製どちらも人気でした。「陶器」の食器は日常用として用いられることが多かったため、客人とすごすティータイムの道具には高価な「磁器」が好まれました。牛の骨灰《こつばい》を原料にした英国オリジナルの「ボーンチャイナ」と名づけられた国産の磁器も、多くの家庭に普及していました。ティーポットは一リットルほどお湯が入る大きさのものが標準サイズで、一人でお茶を楽しむときの小ぶりなものなど、サイズを変えて複数所持する家庭も多かったそうです。

　次に必要なのが、茶こしです。ヴィクトリア朝はお茶の生産地がインドやセイロンにも広がり、茶葉の大きさも、大小さまざまなものが普及しはじめていまし

ティーアンは大量の紅茶を作りおきするのにとても便利な道具でした。コックをひねるとすぐに温かい紅茶を飲むことができるのです。内部にはお茶が冷めないよう、熱せられた鉄の棒が装備されていました。（1896年版）

ウェッジウッド社のウェディングプレゼントの広告。美しいボーンチャイナも贈り物として人気を博しました。（The Illustrated Sporting and Dramatic News / 1890年10月25日）

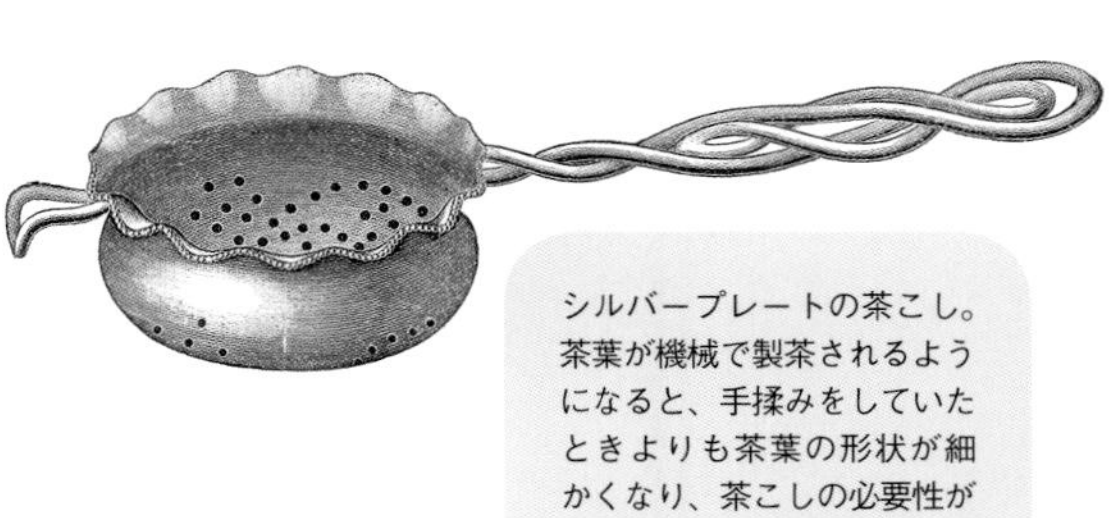

シルバープレートの茶こし。茶葉が機械で製茶されるようになると、手揉みをしていたときよりも茶葉の形状が細かくなり、茶こしの必要性が出てきました。（Quadruple Silver Plated Ware / 1869年版）

た。そのため、茶こしの需要も増しました。

ティーカップについては、複数のデザインのものを所持する家庭が多く、転写技法で作られた比較的買いやすいものから、総手描きの銘品まで、日常用か来客用か、そして客人のランクに合わせての使い分けがなされました。部屋のインテリアに合わせてティーカップが選べるようになれば上級者と見なされました。

使用人によってピカピカに磨き上げられた道具。身体や顔が写り込むほどです。
（The Illustrated London News / 1890年3月29日）

食器の手入れ

購入した道具の管理も大切でした。いざ来客というとき、ティーカップに茶渋《ちゃしぶ》がついていたり、グラスが曇《くも》っていたり、銀器がくすんでいたり、最悪の場合真っ黒く酸化《さんか》していたりすることなどは、想像するだけで恐ろしいことでした。食器の手入れのノウハウも、必要があれば女主人は使用人に指導しなくてはいけません。

イザベラも『ビートンの家政本』二三一五番で、食器の手入れの仕方について説明しています。まず、グラスのケア。メイドは女主人に用意するように命じられたグラスや水差し、デキャンタなどに、汚れがないかをあらかじめ確認し、問題があれば布で拭き上げます。その後トレイの上に並べ、埃がかからないように布をかけておきます。

皿は、布の切れ端でしっかりと磨き、一週間に一度は鹿角《ろっかく》のパウダーを使って念入りに洗います。来客時には皿が最高に美しい状態であるかを女主人が厳しくチェックします。綺麗《きれい》に磨かれた皿をディナーテーブルにセッティングすること

磨き上げられたナイフを手にする使用人。
（The Graphic / 1890年6月14日）

は、一家の家事が問題なく回っていることを証明しました。

銀器は、油汚れが問題です。きちんと磨かないと汚れが落ちないということをメイドに理解させなくてはなりません。毎日のように使うスプーンやフォークは、とくに汚れがつきやすいので、取り除くために石鹸《せっけん》と水で念入りに洗い落とす必要があります。銀器は水で洗い濯《すす》いだあと、乾いた布で丁寧に拭き取ります。

来客時だけでなく、常に食器が最高の状態であることが理想でした。イザベラは「使用人には、手の空いている時間ができたならば、常に食器を磨くように」と指示していました。一見簡単なことのように思える食器の手入れですが、多くの使用人に、こうした指示を徹底し、いつでも最高の状態に保つということは実際には難しいことでした。

食器の手入れ方法は、各家庭でさまざまだったため、雇ったメイドが以前の職場でよりよい方法を指導されていたら、新しい女主人にとっておおいに参考になります。ただ、その方法がよりよいものかどうかを見極める判断能力が必要でした。高価な食器や銀器は、洗ったあと、割れていないか、紛失していないかを女主人がチェックし、鍵のかかる場所に保管しました。

紅茶の淹れ方

多くの主婦が参考にしたと思われるイザベラの紅茶の淹れ方を、『ビートンの家政本』の初版本から紹介します。

良い茶葉を節約せず使うこと、使う道具を湯通しして温めておくこと、熱湯で紅茶を淹れることは現在でも評価されて

イザベラ流　1814番

紅茶の淹れ方

美味しい紅茶を淹れるのにコツはほとんどありません。水を沸騰させ、よい香りの茶葉を惜しまずに用意します。するとその紅茶は間違いなく美味しくできあがります。

茶葉の量は茶さじで人数分と、さらにもう１杯。ポットに沸騰したお湯を注ぎ、２〜３分おいてからお湯を捨てるとポットがしっかりと保温されます。茶葉を入れ、沸騰したお湯を1/2〜3/4パイント（約280〜430mL）注ぎ、蓋をします。そして５〜10分抽出するのです。その後、ポットを水で満杯にします。そのため最初の水をしっかり沸騰させずに作ると茶葉が開かず、香りも抽出されないため、結果、色も出ず、味もないという、まったく美味しくない紅茶になってしまいます。実際のところ、それは生ぬるいお水でしかないでしょう。

大きなパーティーで紅茶を淹れるときは、大きいポットを１つ用意するよりも、ポットを２つ用意する方がよいでしょう。そうすればいつもどちらかが自分の側にあり便利です。追加の紅茶を淹れたいときは、古い茶葉を捨て、ポットを一度空にしたあと改めて湯通しをし、新しい茶葉で通常通りに淹れます。倹約家は茶葉に沸騰したお湯を注ぐ前に炭酸ソーダの粒を加えましょう。水が軟らかくなり、よい成分を引き出す助けになります。たくさん加えすぎると石鹸のような味がするので、量は控えめにしなくてはなりません。

通常、茶葉をブレンドする時は、紅茶４に対して緑茶１の割合にします。緑茶の香りが好きならばもう少し多くしてもよいでしょう。けれど緑茶は刺激が強いので少量に抑えましょう。

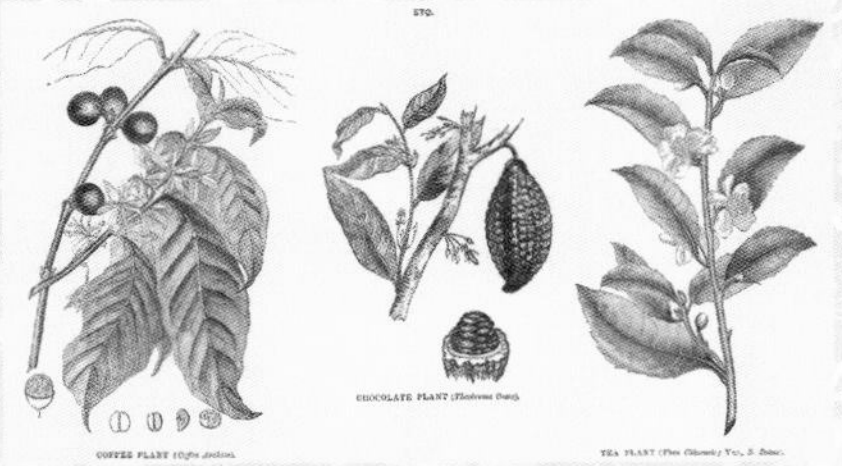

コーヒー、カカオ、茶のボタニカルアート。こうしたボタニカルアートを描いたり飾ったりすることが当時流行しました。『ビートンの家政本』にも同様のボタニカルアートが掲載されました。（1880年版）

いますが、このイザベラの紅茶の淹れ方には、分量がところどころ明記されていないため、茶葉の量とお湯の量が正確にはわかりません。あとから水を足してしまうところなどは、ヴィクトリア朝独特の感覚で、現在主流となっている美味しい紅茶の淹れ方とは異なっているので、真似をしないようご注意ください。

お茶の買い方

『ビートンの家政本』にはお茶の買い方のアドバイスも載っています。一七九五、一七九七番を見ると、当時流通していたお茶の種類は約一二種類。ボヒーは下級品、コングーは中級品、スーチョンは上級品であることは覚えておいてほしいと、イザベラは書いています。

「お茶にはしばしば故意に別の植物が混ぜられている可能性がある」と、当時社会的に問題になっていた「偽茶」についても言及。中国からのお茶には、リンボク、白いとげ、植物の灰、枯葉などの不純物が混ぜられていることが多く、他の茶葉にもクワガタソウ、野生のカラフトヒヨクソウ、黒スグリ、バイカウツギ、ヤナギハーブ、ハマナスや桜の木の葉など多くの植物が増量のために使われており、「これらの中には無害のものもありますが、有害のものもあります」とイザベラは危惧《きぐ》しています。

こうした偽茶作りは一八世紀から始まっており、詐欺《さぎ》の一種として厳しく処罰されていましたが、ヴィクトリア朝まで続いていました。イザベラは一七九八番で「お茶を購入する際の注意点」として、なるべく香りのよいお茶を選ぶよう、勧めています。お茶は湿気《しっけ》に弱いので、お茶の風味を壊す空気にさらされていないかを見極めるのです。

現在の日本では偽茶は見かけませんが、お茶は湿気に弱く、開封すると二か月足らずで風味が落ちてしまうという点は、ヴィクトリア朝と同じなので、私たちも注意しましょう。

ココアの淹れ方

ヴィクトリア朝の女性たちは嗜好《しこう》飲料としてココアも多く好みました。紅茶が朝の定番飲料になったのは一八世紀前半。それ以前の王侯貴族の朝食にはココアが好まれていました。そんな経緯からか、朝食時にココアを飲む家庭も多かったようです。

ただし、ココアは紅茶に比べると少し淹れる手間がかかるため、使用人が複数いる余裕のある家庭で消費されていました。『ビートンの家政本』では、ココアの淹れ方も紹介しています。

女主人の役割

こうした「紅茶の淹れ方」や「お茶の買い方」「ココアの淹れ方」を、結婚前までに知らなければ、その若い女主人は

イザベラ流　1816番

ココアの淹れ方

朝食用カップにココア（茶さじ２杯）を入れ、冷たい牛乳で滑らかなペースト状にします。温めた牛乳とお湯を１対１に混ぜたものを加えてよくかき混ぜます。牛乳を加熱しすぎてココアの香りを台なしにしないよう注意すること。以上の方法はココアの粉を使う方法です。固形の状態で買ってきたココアのかたまり（７g）はよくつぶしてから上記の方法で淹れます。ポイントは熱い牛乳水を加える前に、かたまりをよくすりつぶしておくことです。

ココアもティーアンに入れてサーブされることがありました。テーブルに描かれているトーストと卵は、朝食に欠かせない存在です。（The Graphic / 1886年7月31日）

使用人に的確な指示を出せません。使用人が購入してきたお茶の良し悪しも判断できないでしょう。使用人たちの前で、家政本を広げ、マニュアルを見ながら指示を出したのでは、女主人の威厳も保てず、家庭のなかはめちゃくちゃになると、イザベラは述べています。そのため、家政本は女主人の自室に置かれ、使用人に見られないようにこっそりめくられました。しかし前述した『デイヴィッド・コパフィールド』の幼妻ドーラは、夫からプレゼントされた家政本をいかすことができず、「家庭の切り盛りができない」ことで追い詰められていくのです。

　彼女は、自分から進んで、いつか私の言った料理の本とやらがほしい、そして、これもいつか私に約束した家計のつけ方も教えてほしい、と言い出したのである。私はすっかり嬉しくなった。そこで次の訪問日には、さっそく本を持っていき（それにはまず楽しく、興味がありそうに見えるよう、綺麗な装幀に変えた）、広場あたりを散歩しながら、母の古い家計簿を見せ、できれば稽古するように、帳面と、きれいな小さな鉛筆入れと、鉛筆の芯一箱とをくれてやった。

　だが、料理の本には、頭痛がしてくるし、数字には、完全に泣かされたらしかった。寄せ算などできやしないと言って、数字はみんな消してしまい、帳面いっぱい、小さな花束の絵や、私とジップ（愛犬）の似顔絵などを書き散らしてしまった。

　結局持っていった本の用途は、隅っこの方にほうり出されて、いたずらにジップの足台になるというだけだった。

食事の習慣

一般の中産階級の家庭では、「お茶の時間」がおもてなしのメインだと『ビートンの家政本』に書かれています。ただし、「お茶」の呼び方は時間帯や招くメンバーにより変わり、意味合いも違ってきます。ウェディングティー、ハイティー、そして家族で楽しむファミリーティーなどがあります。

現在、「アフタヌーンティー」と呼んでいる午後のお茶のおもてなし。この言葉はヴィクトリア朝にはほとんど使われていませんでした。上流階級のアフタヌーンティーは一七時に始まることが多かったため「ファイブオクロックティー」の名前で親しまれていました。中産階級の場合は、前述したように、午後のお茶をさらに区分して呼んでいたので、やはり「アフタヌーンティー」という言葉はあまり使われませんでした。アフタヌー

1906年版の『ビートンの家政本』はイラストが多く、人気です。こちらはお茶の時間のセッティング例です。（Mrs. Beeton's Book of Household Management / 1906年版）

1人分の来客時のセッティング例。こんな美しい食卓が用意されたら客人も女主人の心遣いに感動することでしょう。（Mrs. Beeton's Book of Household Management / 1906年版）

ンティーという言葉が普及するのはホテルでの午後のお茶が流行する二〇世紀に入ってからのことです。とはいえお茶の時間がおもてなしに重要だったことは変わりません。

ヴィクトリア朝では一七～一八時台に食べる軽食を総称して「ティー（お茶の時間）」と呼んでいました。イザベラは朝食を九時に、そして昼食は一三時頃食べることを勧めています。この昼食は時には正餐《ディナー》と呼ばれました。上流階級のディナーは夜にとるのが基本でしたが、中産階級では、一日で最も豪華で重い食事を「ディナー」と呼んでいました。

ですから昼食に最も重い食事をする中産家庭では、昼食をディナーと呼ぶこともあったのです。エリサベス・ギャスケル（一八一〇～一八六五）の遺作『妻と娘』（一八六四年）には、自らのことを上流階級に近い存在だと信じている中産階級の医師の妻ギブソンが、昼食をディナーと勘《かん》違《ちが》いされて憤慨《ふんがい》するシーンが出てきます。

昼食時、ギブソン夫人は、カムナー卿が彼女がディナーを食べていると思っていることにひそかに傷ついていました。カムナー卿がしきりに彼女にディナーなのだから、きちんと食べなさ

12人分のディナーテーブルのセッティング例。(Mrs. Beeton's Book of Household Management / 1893年版)

いと言うからです。彼女が柔らかい、高い声で、「私はお昼にディナーを食べません」と抗議しても彼には通じませんでした。

このほかに夕食を表す言葉に「サパー」があります。ティーより遅い時間に食べる夕食をさしたり、夕食のあと、就寝前にとる軽食をさしたりする言葉で、上流階級ではカクテルパーティーや観劇《かんげき》のあとなどの軽食をさす言葉として使われました。

就寝前のサパーはビスケットや温かい牛乳、紅茶が提供されました。イザベラの夫サミュエルは仕事が多忙で、ほぼ毎日終電で帰宅、平日は夫婦で一緒の食事はなかなかとれなかったようです。そのため、彼女は昼食をディナーにし、夕食はティーで軽くすませていました。イザベラは使用人にサミュエルが帰宅した際、必ず温かいサパーを出すよう命じていました。

二人が夜のディナーに人を呼ぶこともありましたが、それは月に数度の特別な行事で、日々のおもてなしは「ティー」の範囲内で行われました。

次章では、家庭のなかでの主婦の役割、おもてなしについて紹介します。

第4章

女主人の仕事

ヴィクトリア朝、裕福な家の女性は
「家庭の天使」であるべきだと考えられていました。
しかし家事をしなくてもよい一方で、彼女たちは
家庭招待会《アットホーム》や慈善活動といった活発な社会活動の義務がありました。

家庭招待会

現在は、主婦の主な仕事は料理、掃除、家計の管理、育児などです。ヴィクトリア朝、それらは使用人に託され、女主人は管理するのみでした。優雅な生活に思えるかもしれませんが、ヴィクトリア朝の中産階級の主婦たちには、それに勝るとも劣らぬ、「家庭招待会を通しての社交と慈善活動」という大きな仕事がありました。

家庭招待会は、主婦たちの社交の大部分を占めた習慣で、簡単にいえば、互いの家を訪ね、一緒にお茶をいただくという、儀式のようなものです。当時は夕方までの時間を慣習的に「モーニング」と呼んでいたため、家庭招待会は別名「モーニング・コール」とも称されました。

ヴィクトリア朝のコミュニケーションの基本は手紙のやりとりです。しかし、それでは顔を合わせないので、交流が希薄になりがちで、直近の約束も難しいため、互いに訪ね合う必要性があったのです。とはいえいつ誰が訪ねてくるのかわからないのでは、自分自身が外出できない、茶菓子の準備ができないという不都合が出てきます。そこでそれぞれの家庭であらかじめ週に一度か二度、来客を受け入れられる曜日と時間を決め、知人たちに知らせておくことが普通でした。時間帯としては、昼食のあとから夕食の時間までがあてられました。

自分自身が家庭招待会を開催すると決めた曜日はなるべく在宅し、その他の曜日で友人の家を渡り歩く……これが中産階級の女性の日課であり「仕事」でした。郊外に住んでいる場合は、都心の友人を訪ねる際、複数の家を訪問する傾向がありました。家庭招待会では、紅茶が必ず用意されましたが、それは現在のアフタヌーンティーのように、ゆっくり座って楽しむ「ティー」ではありません。家庭招待会の最大の目的は「顔見せ」だったからです。

『ビートンの家政本』には、「もし友人宅でディナーをご馳走になったり、ピクニックに誘われたりしたら……翌週、遅くても一か月以内には、あなたは必ずそのお礼を述べるために友人宅を訪れる義務があります」と書かれています。

家庭招待会の流れ

家庭招待会の流れを説明しましょう。玄関で呼び鈴を鳴らし、出てきた使用人に自分の名前を告げます。あなたの名前が女主人の「招きたくない人リスト」に載っていなければ、スムーズにドローイ

短い訪問のときは、来客は帽子をとらずにお茶を楽しみました。
（Women Fireplace Tea American History / 1888年版）

『ビートンの家政本』には、家庭招待会の会場にはペットを入れてはいけないと注意がされています。ペットを入れてしまうと……このような状況になってしまうのです。
（The Illustrated London News / 1893年9月30日）

ングルームまたは、パーラーに通されます。その際、女性は襟巻きやスカーフをとるのがエチケットでしたが、肩掛けや帽子をとる必要はありません。その家の家主が勧める前に肩掛けや帽子をとることは長居を目的に来たサインととられても仕方のない行為だったからです。

女主人が着席を勧めたら、席に座り、ティータイムが始まります。とり皿が出ない簡易なスタイルが多かったため、ティーフードは手でつまめるものが主体で、

折りたたみ式になっているティーテーブル。来客が多いときに活用しました。『ビートンの家政本』にはこのようなティーテーブルが数種類掲載されています。（Mrs. Beeton's Book of Household Management / 1888年版）

保温できるティーポットを部屋に運ぶ少女。年端のいかぬ少女が使用人として働くこともありました。（The Graphic / 1893年2月11日）

茶菓子もクッキーやパウンドケーキなどの簡単なものでした。

このようなお茶会では、紅茶はたいていティーアンに用意されているものを女主人が客人のティーカップに注ぐか、または、ある程度の間隔でメイドが台所で淹れた新しいお茶を、女主人の手元にあるティーポットと交換しました。

茶菓子もテーブルに用意されているものが少なくなり見栄えが悪くなってきたら、適宜使用人により追加されましたが、おかわりが出るからといって、張り切って食べることは失礼にあたりました。

家庭招待会で人気だった茶菓子の一つに『ビートンの家政本』一七六四番にも登場するレモン・ケーキ（一一頁参照）があります。当時高価なフルーツだったレモンは、客人にも喜ばれたようです。また、キュウリのサンドウィッチを出すことも好まれました。オスカー・ワイルド（一八五〇～一九〇〇）の『まじめが肝心』（一八九五年）の中でも、キュウリのサンドウィッチが特別なお茶請《ちゃう》けとして登場します。キュウリのサンドウィッチは水分が多いため、作りおきができず、使用人泣かせの一品でした。

ヴィクトリア朝の家庭招待会の平均訪問時間は一五～二〇分。他の訪問客が来たら、それを合図に自分たちが立ち去ることが暗黙《あんもく》のルールでした。その際、女主人に丁寧に挨拶をし、すれ違いに部屋に入ってくる新たな来客を立って出迎え、スマートに去ります。女主人から友人を紹介されたときは、控えめに挨拶をします。

退出時、もし女主人が「名残惜《なごりお》しそうな表情」を浮かべてくれたら、それはまた訪問してもよい合図。あなたの作法は認められたということになるわけです。エリザベス・ギャスケルの小説『女だけの町――クランフォード』（一八五三年）でも冒頭でこの家庭招待会について説明がされています。

「一二時以降はあけておいてください。一二時〜一五時がこの街では訪問時間なのです」

　それで訪問を受けたら。

「三日後です。おそらくお母様からすでにお聞きおよびでしょうが、訪問を受けてからこちらが訪問を返すまでに、三日以上たってはいけません。それから一五分以上相手の家にとどまってはなりません」

家庭招待会でのエチケット

不運にも交通事情などから、昼食の時間や、エチケットに反する時間の訪問になる場合、その日の訪問は諦めます。ふさわしい時間に訪問する大切さは、ご近所、友人同士の間でも守られるべきだと、『ビートンの家政本』にも書かれています。「育ちのよい優しい人なら、そのような状況で自分を優先はさせないでしょう」と。家庭招待会の子どもの同伴はマナー違反とされていました。もし子どもと一緒に訪問する場合は、馬車の中で待たせておくことがエチケットでした。

　また、相手がいくら親密に接してくれたとしても、度を超した回数の訪問は敬遠されました。とくに相手宅に老人がいる場合には、身体の負担になってしまうこともあります。健康な若い女性でも、あなたが何度も訪ねることで、日常の家事が滞ってしまう可能性があります。訪問の頻度は相手と自分の関係を考えて判断すべきことなのです。「親しき仲にも礼儀あり」、節度をわきまえたお付き合いは、現在の私たちにも共通することではないでしょうか。

　『女だけの町――クランフォード』には、家庭招待会のエチケットが破られたエピソードもあります。あるご婦人が、町でただ一人の医師と未亡人の婚約というビッグニュースに驚愕《きょうがく》し、友人にそのことを早く知らせたくて、訪問時間外に突然訪ねてしまいます。女主人は家庭招待会用の服装に着替えておらず恥をかかせることになってしまいました。

訪問を受ける際の注意

　自分の家に客人を迎える際にも一家の女主人として失礼がないよう、訪ねるとき以上の注意が必要でした。エチケットは不変ではなく、絶えず変化するものなので、常に最新の情報を知っておく必要がありました。たとえば、訪問客が帰る際、女主人はドアまで見送るという儀式は昔のようには重要視されなくなってきたと、『ビートンの家政本』には書かれています。代わりに、女主人はただその場で席を立ち、訪問客と握手をします。そしてベルを鳴らして使用人を呼び、客人の見送りをドアまでさせます。

　初めての訪問者の場合は夫も同席するのが礼儀でした。もし夫が同席できなければ、女主人は客人に夫の名刺を渡し、不在の謝罪と夫の職業や人柄について簡単に述べるようにします。

　決めていた家庭招待会の曜日に急な外出をしなくてはいけなくなった場合、前日までに名刺を隣り近所に配ります。名刺の右上にはフランス語「Pour Prendre Congé」の頭文字を取ったP.P.C.という文字を書きました。「出かけます」という意味のメッセージです。事前に不在を知らせることで、近隣の方に無駄足を踏ませないという配慮でした。また不在を知らない相手が訪問し、使用人に名刺を託していったら、後日不在を詫びる必要がありました。

季節や天候により、訪問客が少ない日もあります。新婚家庭ですと、知り合いも少ないため、待ちぼうけも多々。女主人はただじっと相手を待つのではなく、女主人にふさわしい趣味を楽しみながら来客を待ったほうがよいと『ビートンの家政本』は勧めています。絵を描く、ピアノやヴァイオリンを弾く、本を読む……もちろん突然の来客でそれらの楽しみが中断されるかもしれませんが、軽い縫い物をしながら、来客と会話をすることは失礼だとは思われていなかったようです。

お悔《く》やみの訪問

家庭訪問で最も慎重な態度が求められるのがお悔やみの訪問です。葬儀《そうぎ》が終わった一週間以内に訪問することがマナー

ヴィクトリア朝の美しい名刺。女主人の美意識が表れています。（1870年代）

家庭招待会の日、刺繍をしながら訪問者を待つも誰も来ず、ソファでうたた寝をする女主人。使用人までもが気が抜けて廊下で眠り込んでいます。
（Harper's Bazar / 1871年1月24日）

でした。訪問時は哀悼《あいとう》カードを持参します。いつも以上に丁寧に、言葉遣いに間違いがないように冷静にカードを書きます。服装は黒のシルク、また黒単色とされました。喪服《もふく》で訪れることは、不幸があった家族に対しての礼儀であり、その家族の悲しみへの思いやりの表現でもありました。

　訪れた際、家族が家にいない場合は哀悼カードを置いていきます。馬車での訪問のときは、使用人が馬車のところまで来て対応をし、哀悼カードを受け取ります。徒歩の場合は、ベルを鳴らし、出てきた使用人にカードを渡します。待合室などに通されますが、長居は無用。お悔やみを伝えてもらえるように述べ、すぐに立ち去ります。

深読みをしない

　家庭招待会を繰り返していると、まれに「奥様は家にいません」と使用人から不在を告げられることがあります。それが繰り返されると、あなたと親しくしたくない、会いたくない、そんな意味に思えるかもしれませんが、そうでないことも当時は多かったようです。チャールズ・ディケンズの『二都物語』（一八五九年）には、独身女性を訪問した男性に、使用人が本人の意思を確認しないと、いるかどうかを答えることはできないと対応するシーンが出てきます。これは男性を拒否しているのではなく、そのときの当人の意思が優先されたということです。相手があえて「家にいません」という言葉で対応しているのであれば、言葉通り素直に受け止めるのがヴィクトリア朝の大人の対応でした。

　たとえば『女だけの町――クランフォード』には、使用人を一人しか雇うことができない家が出てきます。その家では午前中に、女主人自らが使用人と一緒にパンやケーキを焼きます。しかし午後の来客時には、数名の架空《かくう》の使用人が別室で働いているように振る舞います。そのことを町の人は万事承知していますが、何人もの使用人を雇っている裕福な女主人として相手を立ててあげるのです。そうされていることを、その家の女主人もまた承知しています。

　礼儀正しい人でありたいのであれば、人の言葉はそのまま受け入れるのがよい、つまり相手の言葉以上に深読みをしないよう、『ビートンの家政本』は勧めています。現在の私たちは相手の真意をつい確かめたくなってしまいますが、ヴィクトリア朝の女性たちは慎み深かったようです。

家庭招待会での友人作り

　家庭招待会は、コミュニティーの役割を持ち、考え方や趣味の合う友人や知人を増やすための大切な場でしたが、新しく知り合った人とすぐに親しくなることは、時に危険もありました。『ビートンの家政本』にも、人は見かけではわからないと書かれています。

　一見社交的でも、それがその人の本当の姿とは限りません。自分の心の内を話しても大丈夫な相手なのか、慎重に見極める必要があります。それには、時間をかけなくてはなりません。

　家政本のなかでイザベラは、英国の詩人ジョアンナ・ベーリー（一七六二～一八五一）の詩を引用し、読者に訴えます。「親交は急速に成長する植物ではありません。尊敬という土壌《どじょう》に根付くように、緩《ゆる》やかに時間をかけて耕してこそ育つのです」。このような引用の妙が、『ビートンの家政本』の魅力でもありました。

　知り合ったばかりの人をいきなりディ

ナーに招待するのは避け、家庭招待会を繰り返すなかで、相手をよく観察し、見極めていくことが大切でした。

家庭招待会での会話

細心の注意を払いながら多くの友人を作り、人とのつながりを広げ、維持することは、夫の仕事や、将来の子どもの結婚にも影響する、女主人の大事な「仕事」です。それにはTPOに合わせた会話ができることが必須ですから、家政本の中には茶会の際の会話のエチケットについても細かく書いてあります。美味しい紅茶をいただく時間にふさわしいのは、当然、楽しい話題です。また悲しいことでも、友人と気持ちを共有することで力をもらいたい事柄については、遠慮せずに相手に伝えていくことも必要でした。

避けたい話題は、深刻な話や、口論になるような話、他人の性格や行動についての自分の見解、期待外れだったことや、些細《ささい》な日常の愚痴《ぐち》です。ネガティブな発言を繰り返すことは、聞かされる相手にとってはとても疲れること。とくに夫に関する愚痴は、自分の品位も下げることになるので要注意。また、あなたのまわりに噂好きな知人や、人のスキャンダルを楽しむ隣人がいる場合は、より慎重な行動を心がける必要があります。『眺めのいい部屋』に、噂好きの姉妹が登場します。

彼女はアラン姉妹の性格を話した。
「あのふたりは噂話が大好きなの。あの人たちに話したことは、あっという間にそこらじゅうに広まってしまうわ」

自分にそのつもりがなくても、会話に参加しているだけでそのような仲間の一人だと見なされてしまいますし、家族の幸福を壊すくらいの危険をはらんでいま

家庭招待会を通して、気の許せる友人ができたら百人力。家庭のこと、子育てのことなど、話は尽きません。（Ladies Home Journal Magazine / 1897年3月）

戸口で近所の女性と噂話にふける女主人。調子に乗りすぎると悲劇に巻き込まれる可能性があるため、このような行為は愚かなこととみなされました。（The Rainhill Funeral / 1872年版）

アレクサンドラ皇太子妃から造花の薔薇を受け取る子どもたち。（The Illustrated London News / 1886年3月10日）

す。女主人の責務の第一は、家族の安全と幸福を守ること。家族のためにも、友人との付き合い方を間違えてはいけません。特定の趣味を持つなど、価値観のあう者同士でコミュニティーを作って、情報交換をするのがよいと家政本は勧めています。楽しいお茶の時間を共有するためには、招く側、招かれる側、双方の節度が大切なことは、今も昔も同じなのです。

王室の慈善活動

ヴィクトリア朝、女主人のもう一つの仕事は「慈善活動《じぜんかつどう》」でした。質素《しっそ》倹約《けんやく》が常とされた当時、ヴィクトリア女王を筆頭に王室のメンバーもさまざまな慈善活動を行い、世間の注目を集めました。とくに女王の長男であるエドワード皇太子（一八四一～一九一〇）に嫁いだアレクサンドラ皇太子妃（一八四四～一九二五）の慈善活動は、皇太子妃と同世代の女性に多大な影響を及ぼしました。

王室と国民が親密なふれあいを持つデンマークから輿入《こしい》れしたアレクサンドラ皇太子妃は、美しいだけでなく、博愛《はくあい》精神にあふれていました。毎週ロンドンのイーストエンドにある病院に出かけ、看護師と顔見知りになるほど、多くの患者を見舞い、勇気づけました。また新病院の建設費用を集めるため、自ら看護師のユニフォームを着て、病院の職員やボランティア団体の人々と一緒に、身体の不自由な人が手作りした白い造花の薔薇を販売しました。この活動は「アレクサンドラ・ローズ・デー」と呼ばれるようになります。

　また、アレクサンドラ皇太子妃はヴィクトリア女王即位六〇周年（一八九七年）の際、四万人の貧しい人々に温かいディナーを無料で提供する計画を立てます。このとき、アレクサンドラ皇太子妃に賛同したのが、ヴィクトリア朝を代表する紅茶会社「リプトン」社の社長トーマス・リプトン（一八四八〜一九三一。のちに世界の紅茶王と呼ばれる）でした。労働者階級出身のリプトンは、慈善活動に熱心で、皇太子妃のロイヤル・ディナーに必要な紅茶と砂糖、資金を援助しました。この慈善活動が縁で、リプトンとアレクサンドラ皇太子妃は友好を深めます。のちにヴィクトリア女王から、リプトンが叙勲《じょくん》

慈善活動の一環として、病気見舞いをしている中産階級の女性たち。（1850年版）

チャリティー・バザーの様子。慈善活動にかかわりをもつことは中産階級の人々の「ゆとり」を表しました。週末には各地でチャリティー・バザーが開催されました。
（The Illustrated London News / 1874年6月20日）

を受けられたのも、皇太子妃の力添えのおかげだといわれています。

女主人の慈善活動

自分の家庭だけでなく、まわりの人々も幸せになるような慈善活動は、上流階級はもちろん、生活に余裕が出てきた中産階級の人々にとっても社会的義務となりました。『ビートンの家政本』には、貧しい人に対し施《ほどこ》しをすることはとても大切だと書かれています。「女主人が、他人のことも考えられるような懐《ふところ》の深い優しい人物ならば、その家庭はとても居心地がよく、家族だけでなく訪れた客人にまで幸福を感じさせるでしょう」

病人のいる貧しい家庭を見舞い、衛生管理や食事の管理について手助けをしたり、教会の行事に協力したり、寄付をしたり。慈善活動にはさまざまなやり方がありました。アルコールにおぼれる貧困層を正常な生活に導くための「禁酒運動」では、頻繁にティーパーティーが開催され、中産階級の女性たちはお茶を淹れ、茶菓子を作ったりすることで、その活動を支えることができました。ティーパーティーに参加する人は一〇〇〇人近いこともありました。

貧困家庭を訪問する中産階級の女性。美しい身なりをしている女主人に対し、訪問先の一家の人々は痩せこけており、生活差が浮き彫りになっています。（The Illustrated London News / 1888年12月22日）

『ビートンの家政本』を編集したイザベラは、一八五八年の冬、池に氷が張るほどの寒さのなか、家政本に掲載予定のスープを近所の貧しい子どもたちのために作りました。子どもたちはビートン家の台所に呼ばれ、イザベラはそれぞれが持参した容器に、レンズ豆、えんどう豆、キャベツが入ったスープをすくいいれ、持ち帰らせました。

イザベラは家政本のなかに「貧しい家庭向き」のレシピを複数入れていますが、貧困家庭ではとうてい手に入れられないような高価な材料を使っていたり、そもそもそれを作るための調理道具がなかったりと、労働者階級には現実離れしたレシピになっています。こうした生活レベルの違いに対する思い込みや誤解を、イザベラ自身も自覚していたようで「貧しい家庭を訪問することは、階級の違う人々の実際の暮らしを理解するうえで、最も手早く現実的な方法」だと家政本に記しています。

そこにかける金額の大小ではなく、慈愛の精神が重要だとイザベラが述べているように、慈善活動は特定の職業を持たない女性にとっては、家庭と社会をつなぐ大切な接点でした。そして貧困な家庭

イザベラ流　1491番
ヴィクトリアン・サンドウィッチ

材料

卵 4個、砕いた砂糖・バター・小麦粉は卵と同量、塩 ソルトスプーン1/4、
レイヤーのためのジャムまたはマーマレード

作り方

　バターをクリーム状になるまでかき混ぜ、ふるった砂糖と小麦粉を加えてください。そこに泡立て器で溶いておいた卵を加えて混ぜます。10分ほどよく混ぜたら、バターを塗ったヨークシャー・プディングの型に生地を入れ、中温程度のオーブンで20分焼きます。ケーキが冷めたら、ケーキを半分に切り、ジャムをはさんで軽く押して平らにし、長いフィンガーサイズにカットします。ガラス皿にフィンガーサイズにカットしたスポンジを積み上げてください。

チャリティー・ティーのワンシーン。中産階級の女性たちがティーアンから紅茶を注いでいます。（Frank Leslie's Illustrated London Newspaper / 1874年1月3日）

左端２段目に描かれているケーキが、「ヴィクトリアン・サンドウィッチ」です。（Mrs. Beeton's Book of Household Management / 1888年版）

にとっても、中産階級の女性から料理、掃除、家計、医療、法律のノウハウを教えてもらえる貴重な機会だったのです。

チャリティー・ティー

　多く用いられた慈善活動に「チャリティー・ティー」がありました。貧困層の人々にディナーを提供するには大きな資金と人手が必要ですが、軽食を提供する「ティー」ならば地域のコミュニティーのなかでも提案、企画しやすかったのでよく開かれました。

　アレクサンドラ皇太子妃も、自らが王妃として即位した一九〇一年、王室関連の施設で働く女性使用人一万人を対象にした大規模なチャリティー・ティーを主催しています。王妃となった彼女が、男性使用人に比べると地位が低かった女性使用人に感謝の気持ちを表したことは、女性使用人の地位向上に大きく貢献しました。

　二〇一二年のエリザベス女王即位六〇周年を祝う「ダイヤモンド・ジュビリー」の祝賀イベントでは、ロンドンの一〇〇〇か所の通りを貸し切りにしたチャリティー・ティーが開催されました。この大

家庭招待会に向かう途中で、貧しい子どもたちに施しをする女性。余裕のある者が、下の層に施しをすることは美徳とされました。(Sunday Reading for The Young / 1913年版)

規模な行事には王族や貴族からの資金援助がありました。

ヴィクトリア朝も、現在も、チャリティー・ティーに欠かせないお菓子があります。「ヴィクトリアン・サンドウィッチ」です。ヴィクトリア女王が愛したことでも知られるこのケーキのレシピは、『ビートンの家政本』の初版本にも掲載されています（五八頁参照）。

このレシピの分量は、現在もほぼ変わっていませんが、現在のレシピではよく膨らませるためにベーキングパウダーを使うことがほとんどです。『ビートンの家政本』では、一九〇六年版からベーキングパウダーが加えられています。

また、ケーキの型は、ヴィクトリア朝では四角い焼き型を使って焼いていたのに対し、現在はサンドウィッチ・ティンと呼ばれる専用の薄い丸型で、二枚のスポンジを焼き、間にジャムをサンドして仕上げるスタイルが一般的です。現在、フィンガーサイズの細長いスポンジを組み合わせるヴィクトリアン・サンドウィッチは、料理研究家などが特別に作るときにしか目にすることはなくなりました。

衣装替えの習慣

女性たちは「仕事」の際、どのような洋服を身につけていたのでしょう。イザベラは、一日のあいだに着用する服は、時間帯や目的に合わせて変えるべきだと説いています。朝食時は装飾品をつけず、シンプルな装いでいることが望ましく、家庭招待会の時間には訪問客を迎える装いに着替えます。

前述したギャスケルの『女だけの町――クランフォード』では、エチケット違反をした突然の訪問客が来た際、女主人は継《つ》ぎ接《は》ぎのある粗末な室内帽や襟を身につけていました。訪問客はそのことは承知といった調子で「私は気にしないので、きちんとした服に着替えないでもいいわ。早く話したいの」と、女主人に着替えの時間を与えずに、部屋に飛び込んでくるといった場面があります。

ロウアー・ミドルクラスでも、この時代には一日に三回は着替えていました。起床後ガウンに着替え、朝食をいただく。一〇時には訪問着に着替え買い物へ。帰宅後、日常着に着替え、その上にエプロンをつけ、家事。一三時、エプロンをとり昼食。午後は家庭招待会に備え、流行を意識したドレスに着替え、夕方はガウン姿で紅茶を楽しむ。その後、夜のディナーに備え、正装に……という具合です。

もちろんこの着替えには、使用人の手助けが必要でした。とくにディナー時は、家族だけの場だとしても正装で席に着くのがマナー。イザベラは「貴金属や装飾品は正式な食事であるディナーの時間までつけるべきではない」と注意しています。

　シャーロット・ブロンテ（一八一六～一八五五）の小説『ジェイン・エア』（一八四七年）の主人公ジェインは、年収が三〇ポンドのロウアー・ミドルクラスでしたが、家庭教師として勤めたのはアッパー・ミドルクラスのロチェスター家でした。家主であるロチェスターと初めてお茶の時間に会う際、ジェインは家政婦長に「上着を着替えるように」と言われます。この家ではいつも夜はドレスを着ることになっていると聞き、ジェインは階級の差を感じます。彼女は持参した服の中で一番上等な絹の黒い服に着替えますが、家政婦長には、それでは足りない、小さなブローチをつけるようにと促され、小さな真珠のついているブローチをするのです。

ファッションの展示会では、簡易なティールームが設けられることもありました。女性たちはお茶を楽しみながら、好みの洋服を探したようです。（A Fashionable Conditorei / 1874年版）

洋服を新調する際の注意点

　既製服がまだ一般的でなかったヴィクトリア朝、女性たちは仕立屋に依頼をするか、自分自身で洋服を縫うしかありませんでした。そのため、洋服はとても高価でした。

　『ビートンの家政本』一一番でイザベラは洋服を新調する際の注意点をあげています。流行の洋服に憧れる気持ちは理解しつつ、家計を預かる女主人としての節制を三つの心得に表しました。一つめ「収入に対して高価すぎないものを」。毎日新しいドレスを着ることを好む貴婦人はよき妻とはいえません。反対に質素きわまりない服装も考えものです。節度ある暮らしに、夫の年収に見合った服装は欠かせません。

　二つめ「自分の顔色と体型に調和するかどうか考える」。肌が浅黒く、顔色が暗い女性にはくすんだ色合いのシルクがなじむ。金髪で、顔色のよい女性には明るい色が好ましく、濃く深い色合いはせっかくの顔色をだいなしにするとイザベラは述べます。

　三つめ「自分が持っている他の衣服との色合いを考える」。寒色同士の組み合わせは冷たい印象を人に与えてしまうので、注意が必要でした。よい色の組み合わせは、「金色とライラック」「淡いブルーと緋色」「ピンクと黒」など、暖色と寒色の組み合わせでした。

ファッションプレート

　女性たちが洋服を購入する際、参考にしていたのがファッション誌です。『女だけの町――クランフォード』では、都心から来た若い女性が、町に長く住んでいる独身の老婦人宅で「若い方はこのようなものを見るのが好きでしょう」と、親切心でファッション誌を渡されるシーンがあります。しかしそのファッション誌は、なんと一〇年前のもの。今も昔も、最新のファッションに精通していることがおしゃれな女性の条件でした。

　おしゃれな女性たちを夢中にさせたの

がファッションプレートです。これは一八世紀末にフランスで登場した、モードの図版で、視覚的なファッション情報として女性に大きな影響を与えました。

ヴィクトリア朝になると、手彩色版画を施したカラーのファッションプレートも出回るようになります。購買意欲を高めるため、王室のメンバーなどをモデルにすることもありましたが、洋服はあくまでも顧客層である中産階級の装いが描き込まれました。また、異なるシーン、異なる洋服が一枚の絵に描かれること――極端な例では、ウェディングドレスと喪服が、同じ頁に描かれるようなこともありました。

イザベラの夫サミュエルは『英国婦人家庭雑誌』を一八六〇年にリニューアル。その際パリの有名な絵師にファッションプレートをカラーで描かせ、パリのファッション情報をまとめたパリ通信として掲載しました。

さらに一八六一年には女性向け週刊誌『クィーン(The Queen)』を創刊。この週刊誌の編集は一八六三年までサミュエルが担当しました。『クィーン』は同様のファッション誌に比べて大きめのA3版、そして一六頁というボリュームが特徴でした。そのため価格は他誌に比べるとやや高い六ペンスでしたが、掲載する服も質のよいものにこだわっていたため、中産階級のなかでも上位に属する女性の支持を得ました。カラーのファッションプレートも隔週で掲載され、女性を喜ばせました。

女性たちはファッションプレートに描かれている最新のモードを参考にしながら、仕立屋にドレスをオーダーします。しかし当時、夏には夏服、冬には冬服のファッションプレートが掲載されていたため、洋服が仕上がる前にシーズンが終わってしまわないよう、早めに決断して注文することが必要でした。

トワレット

人前に出るための身づくろい、着替え、化粧――この一連の流れをヴィクトリア朝では「トワレット」という言葉で総括《そうかつ》していました。女主人の身のまわりの世話をするレディズメイドを雇っている場合、トワレットに関する仕事はレディズメイドが担当しました。

レディズメイドの朝一番の仕事は、自分自身の身支度を整えたあと、女主人が前の夜に脱いだ洋服を、片付けるか、またはそのまま着るのかを確認することで

雑誌に掲載されるウェディングドレスは、多くの女性たちの憧れになりました。(The Englishwoman's Domestic Magazine Vol.Ⅰ / 1852年版)

女性の室内着のファッションプレート。ティータイム中もこのような衣装を着たようです。(The Englishwoman's Domestic Magazine.New Series.Vol.Ⅹ / 1871年版)

（The Queen, The Lady's Newspaper and Court Chronicle / 1873年7月5日）

（The Queen, The Lady's Newspaper and Court Chronicle / 1878年10月5日）

イザベラが立ち上げにかかわった『クィーン』の、目玉ページだったカラーのファッションプレート。パリで流行のファッションが取り上げられることが多かったようです。

（The Queen, The Lady's Newspaper and Court Chronicle / 1874年11月7日）

した。雨や雪の日には、洋服の泥汚れを注意深く確認してケアをします。しかし、イザベラの家のように、他の雑用もこなすハウスメイドしかいない場合、女主人自らも衣装の管理をしなくてはいけません。ヴィクトリア朝では、高価な洋服の手入れは大切な仕事だったのです。

　女主人は洋服の素材に合わせた手入れの仕方を、使用人に指導します。『ビートンの家政本』に言及されている衣装の管理の仕方はこうです。飾りがあるボンネットは飾りがつぶれていないか確認が必須。もし埃がついていれば柔らかいブラシを使って、前日の夜までに綺麗にしておくこと。また、着用するドレスの汚れやレースがほつれていないかなどの状態をチェックすることも大切。ドレスは生地によって手入れの仕方も異なるので、当然、その方法も家政本には記載されています。

　また、袖を通したときに服が冷たくないよう、あらかじめ暖炉の前に置いて温めておくことも、使用人の仕事です。女主人の着替えの際、ドレッサーの上に化粧品や指示されたアクセサリーも用意しておきます。

　ドレスとショールの組み合わせ、流行の髪型の研究、香水選び、裁縫の技術な

トワレット中のレディズメイドと女主人。どんな髪型に結ってもらうのでしょうか。（Home Book / 1880年版）

ど、ヴィクトリア朝の女性のおしゃれは細部まで気が抜けません。時には女主人の命令で使用人もファッション誌を読み、コーディネートや髪型の研究をさせられました。手先が器用でセンスのよい使用人は、女主人のお気に入りとなり、お下がりの服をもらえることもあったようです。

ティーガウン

「ティーガウン」はヴィクトリア朝のティータイムに欠かせない洋服でした。その流行の発端は、コルセット使用に対する危惧《きぐ》です。コルセットは、ウエスト四五センチをめざす女性には手放せないものでしたが、健康への影響は一八世紀末からフランスで問題になっていました。英国で社会的な健康問題として認知されはじめるのはヴィクトリア朝からのことです。『英国婦人家庭雑誌』では一八六〇年代後半から、女性のウエストの締め付けについて、危険性が論争されはじめます。一八八四年にロンドンで開催された国際健康博覧会でも、コルセットの使用についての話し合いがなされました。

　こうした流れもあって、午後のお茶の時間に着用する洋服はフォーマルなヴィクトリアンドレスとは異なる、女性の身体を締め付けないデザインが増えていきました。ゆったりとしたラインの「ティーガウン」には、カシミア、コットン、シフォン、レースなど柔らかい素材が使われました。そこにレースやリボン、パールなどの飾りをつけ、女性の姿を繊細に演出したのです。もちろん実用性も大切です。お茶を注ぐときの邪魔にならないよう、袖丈は七〜八分、かがんだ際に胸元が見えない配慮がされたデザインが好まれました。

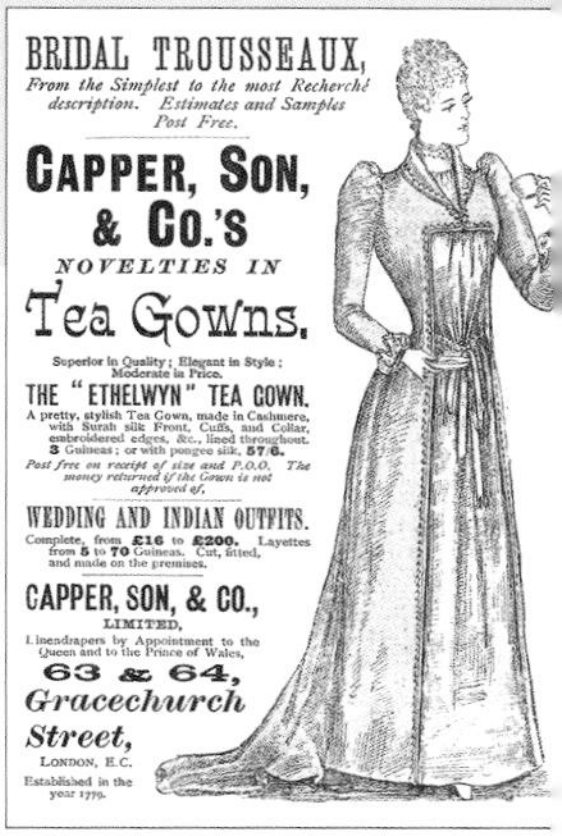

ティーガウンの宣伝広告。かわいらしくスタイリッシュなデザイン、袖口と襟元の縁には刺繍が施され、生地はカシミアやシルクを使用している、とあります。（Royal Academy Pictures / 1891年版）

　上流階級では色生地で作られることが多かったティーガウン。中産階級の女性には「白」が人気でした。家事から解放されている自分を演出するのに「白」が非常に効果的だったからでしょう。中産階級の間では、ティーガウンは家でのディナー時に着用する「イブニングドレス」としても活用されました。ただ、これを着て外出することはありません。

　次の章では、夏の休暇や、スポーツなどの野外活動について紹介します。

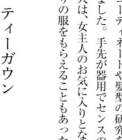

第5章

女主人の休暇

これまで見てきたように、日頃は狭い地域で生活している女性たち。遠出のチャンスは休暇のときでした。都心でのショッピングや、自然のなかでのピクニックやスポーツ。汽船や鉄道の発達で、旅行も楽しめるようになりました。

ショッピング

女性にとっていつの時代も変わらない休日の楽しみの一つは「買い物」でしょう。ヴィクトリア朝の中産階級の家庭では、食料、日用雑貨の買い物は使用人の仕事でした。使用人に任せられない高額な買い物は女主人が行い、それも住んでいる町の中ですませるのが普通でした。

それでも、一九世紀初頭には女性一人での買い物は好ましくないと思われていたので、当時に比べればはるかに自由な時代になっていたといえます。

郊外の町には、大都市のように、さまざまな品物が一堂にそろう大型商店はなかったため、「紅茶」「陶磁器」「靴」「リボン」「化粧品」「食料品」など、必要なものはそれぞれの専門店に足を運ばなくてはなりませんでした。

『女だけの町――クランフォード』の舞台クランフォードはマンチェスター郊外の田舎町という設定で、洋服を取り扱う店は一軒だけです。そのため、新作の発表会の日には、町中のご婦人が集まってしまい、お互いの買った品を品定めする……なんてことも日常でした。ミス・マティは悩みます。

「一二時過ぎになって出かけるのがエ

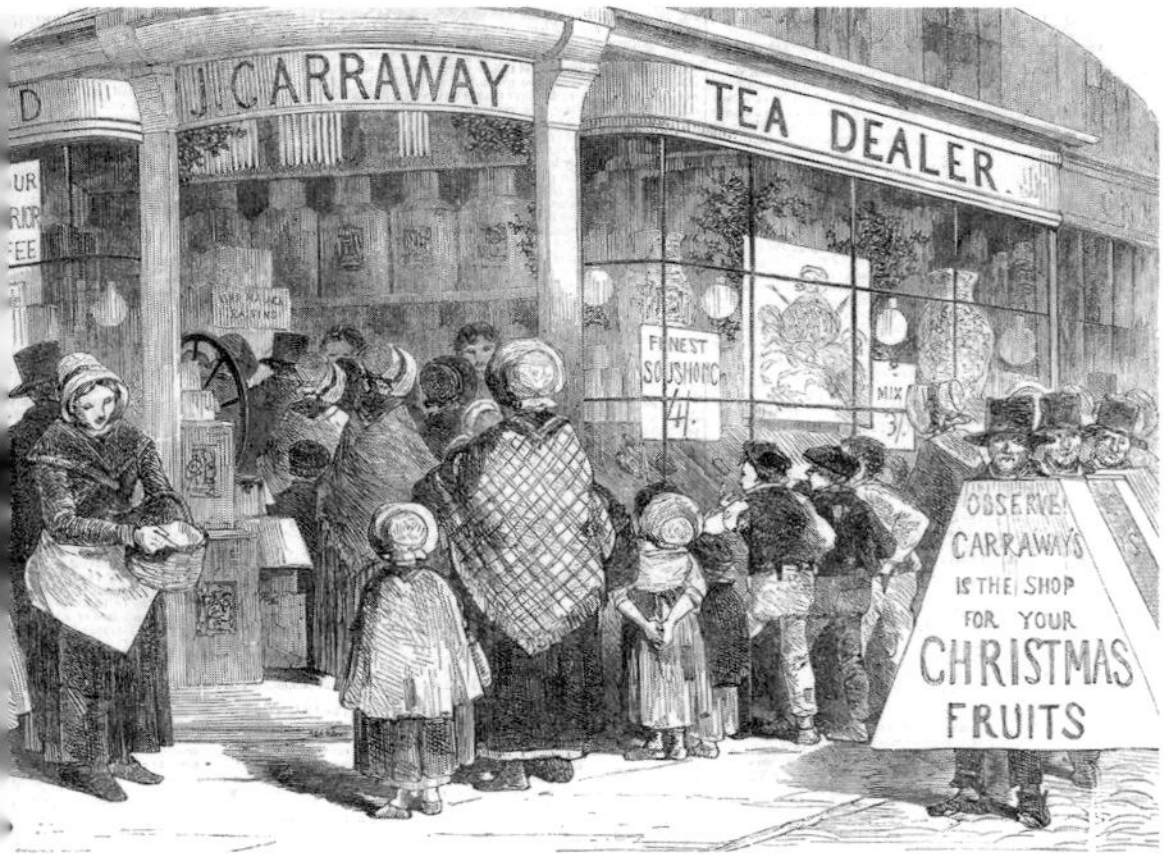

紅茶の販売は紅茶専門店での量り売りが主でしたが、ヴィクトリア朝後期には個包装での販売が一般化し、専門店以外での購入も可能になっていきます。（The Illustrated London News / 1850年12月）

マンチェスターの食料品店で買い物をしている人々。店内は大混雑しています。（The Illustrated London News / 1862年12月29日）

チケットなの。でもね、その頃になるとクランフォードじゅうの人がやってくるし、それにおおぜいの人が見ている中で、着物や装飾品や帽子に目の色を変えるのはいやでしょう？」

「そこで私は考えたのだけれど、朝のうちに、朝ごはんが終わったらすぐ、ちょっと出かけて――お茶が半ポンドほしいのでね」

結局ミス・マティは、紅茶を購入することを口実に店に行き、その流れで洋服も見てこよう……なんて計画を立て、実行するのです。

高級商品を取り扱うデパートには、広い面積、豪華な内装などが必要とされました。
（The Illustrated London News / 1884年8月16日）

百貨店の誕生

買い物事情に恵まれているとはいえなかったヴィクトリア朝、女性たちを夢中にする商業施設がオープンします。それが「百貨店」です。百貨店の始まりは一八五二年、フランスのパリにオープンした「ボン・マルシェ」だといわれています。ボン・マルシェが発案した身分を問わない自由入店、定価の明示、大量陳列《ちんれつ》、返品の自由、現金販売、薄利《はくり》多《た》売《ばい》方式の徹底、目玉商品の導入、バーゲンセールの実施は、ヴィクトリア朝の英国の人々にも衝撃《しょうげき》を与えました。それまでは、カタログ注文での取り寄せ、信用貸《しんようが》しでの購買が基本だったからです。

多様な商品を一つ屋根の下に集めて陳列するという百貨店のアイデアは、一八五一年にロンドンで開催された万国博覧会（八七頁参照）の展示方法からヒントを得たとされます。商業という旧来の概念をはるかに超越した「百貨店」が英国にも誕生し、しっかりと根を張ったのち、さらなるエンターテインメント施設へと発展していくのです。

英国初の百貨店については、諸説ありますが、ロンドン西郊外のウェストボーン・グローブに、一八六三年創業した「ホワイトリーズ」がまずあげられるようです。開業当初から急速に販売品目を増やして、百貨店化していきます。ホワイトリーズは現在でも、ショッピングセンターとして存続しています。

日本でも名前が知られている「ハロッズ」は、一八三四年、お茶を扱う小売店からスタート。一八八三年の店舗の火災をきっかけに、新店舗を作り、業務拡大し大型百貨店となりました。一八九八年には店内に英国初のエスカレーターを設置して話題を呼びます。

日本や東洋からの織物や装飾品を扱うセレクトショップを基礎として一八七五年に開業した「リバティ」も、当初は小さな店舗でしたが、事業を拡大するにつれ、近隣の物件を買収し、百貨店化しました。陶磁器、扇子《せんす》、屏風《びょうぶ》、刀、漆器《しっき》、敷物、銅製品といった、日本の日用雑貨を取り扱い、中産階級層で爆発的な売れ行きを見せました。しかし輸入品の日本製品は高価になってしまうため、リバティは、英国内で安価なプリントなども利用してより多くの人が購入できる商品を開発していきました。

百貨店は遠出《とおで》をする機会が少ない女性たちにとって、行ってみたい場所の筆頭にあげられるようになりました。週末ともなると郊外から鉄道で訪れる家族連れで賑わいました。一八六〇年代後半からは、百貨店の中の仕立屋では、注文服に百貨店の名前入りのタグをつけるサービスも始まり、そのような衣服を身につけることは中産階級のステイタスになりました。しかしこのような百貨店での買い

明治時代の日本の玩具は手作り品が多く、機械化が進んでいた西洋人を驚かせました。（More Toys From The Streets / 1905年版）

口髭は紳士の証。美しく装った妻とともに、これから街へ外出でしょうか。（The Man Who Did What He Liked / 1855年版）

自然のなかでのピクニックは、都心で暮らす人々にとって、開放感にひたれるひとときでした。(Luncheon on The Grass / 1893年版)

物は、上流階級の人々には敬遠されました。彼らが利用するのは、昔と変わらず御用聞きの商人または、専門店のみでした。

ピクニックの流行

休日に欠かせない楽しい行事に「ピクニック」があります。都心に近い場所に住むヴィクトリア朝の人々は公害問題に悩まされることが多く、大きな庭、豊かな自然に癒しを求めていました。そんなニーズを気軽に満たしてくれたのがピクニックです。

ピクニックの目的は「戸外で食事をしながらの社交」でした。開催場所に決まりはなく、森や林、公園、自宅の庭でも開かれました。「ハイキング」と混同されがちですが、ハイキングは風景や景色を楽しむ、歩くことを目的とした軽いスポーツとみなされていました。

ピクニックは一七世紀後半からまずは上流階級のなかでブームになり、その後一九世紀後半に中産階級の間でも楽しまれるようになりました。鉄道の開通により、郊外へも気楽に出かけられるようになると、ロンドン近郊の「オープンスペース」といわれる場所や、舟遊びを兼ねた川辺もピクニックの会場となりました。ルイス・キャロル(一八三二〜一八九八)の『不思議の国のアリス』(一八六五年)は、川辺でのピクニックで誕生した話だといわれています。チャールズ・ディケンズの『二都物語』(一八五九年)、『大いなる遺産』(一八六一年)にもピクニックが登場します。ヴィクトリア朝は、仕事を求めて大都市に人口が集中した時代。たまの休日に澄んだ空気を吸い、豊かな自然にふれることは日常への活力につながりました。

ピクニックの食べ物

ピクニックは野外で寝泊まりする「キャンプ」ではないので、調理は避けられていました。火を使うのはお茶を淹れるためのお湯を沸かすときのみ。それ以外の食べ物はすべて家で作って持参しました。『ビートンの家政本』二一四九番と二一五〇番に、四〇人を対象にしたピクニック用の献立が掲載されています。それは、それぞれの家から持ち寄った食べ物が似通ったものになってしまうことが多かったため、まとめ役が献立のリストを作り、各家庭に振り分けをしていく、または、代表者の家庭でまとめて作るようになっ

キャンプ中もティータイムは欠かせません。非日常の野外で、どんな会話が弾んでいるのでしょうか。(The Illustrated Sporting and Dramatic News / 1885年9月19日)

イザベラ流　2149番

ピクニックの食事メニュー

冷えた骨つきローストビーフ、冷えたゆで牛肉の輪切り、子羊の肋肉 2本、子羊の肩肉 2本、鶏の蒸し焼き 4羽、鴨の蒸し焼き 2羽、ハム 1本、タン 1個、子牛の挽肉とハムのパイ 2個、鳩のパイ 2個、中型のロブスター 6匹、仔牛の頭 1つ、レタス 18個、サラダ 6籠、キュウリ 6本

イザベラ流　2150番

ピクニックのデザートメニュー

瓶詰めのコンポート(果実の砂糖漬け)、コンポートと付け合わせるビスケットを3〜4ダース、果実入りのパイ 2ダース、チーズケーキ 4台、キャビネット・プディング 2台、ブランマンジェ、ジャム、プラム・プディング 1個、新鮮な果実を数籠、プレーンビスケット 3ダース、チーズ 1個、バター 6ポンド、食パン 4斤、ロールパン 3ダース、プレーンプラム・ケーキ 2台、パウンドケーキ 2本、スポンジケーキ 2台、ミックス・ビスケット 1缶、紅茶 1/2ポンド

イザベラ流　1256番

キャビネットまたは チャンセラーズ・プディング

材料

ピールの砂糖漬け 1と1/2オンス、
カラント 4オンス、サルタナ 4ダース、
サボイケーキ、スポンジケーキ、
ロールケーキ 2～3切れ、卵 4個、
牛乳 1パイント、レモンのすりおろし、
ナツメグ 1/4、砂糖 大さじ3

作り方

バターをペースト状にやわらかくし、プディング型全体に油をよく塗ります。型の底に薄くスライスしたピール、カラントとサルタナを埋めていきます。その上にサボイケーキまたはロールケーキのスライスを敷き、溶かしたバターを数滴落としたら、カラントを振りかけ、またスポンジ……を繰り返し、型がほぼ満杯になるまで層を作ります。ナツメグとレモンで香りづけされた牛乳に、砂糖と溶き卵を加えてかき混ぜ、型の中にいっぱいになるまで流し込みます。バターを塗った紙で型を覆い、紐でくくり、そのまま2時間置きます。その後、型を布で包み、沸騰したお湯に入れて1時間茹でます。布を引き上げ、数分冷ましてから外します。布を外したら、素早く型からプディングを出し、甘いソースを添えていただきます。

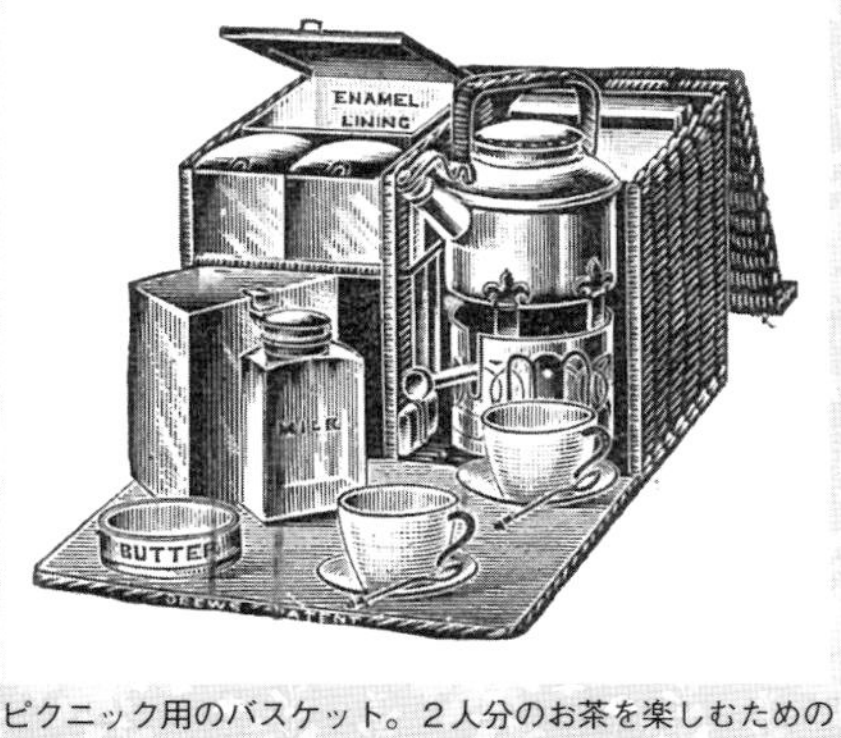

ピクニック用のバスケット。2人分のお茶を楽しむための道具がセットされています。
(The Illustrated London News / 1898年8月6日)

大きな木の下でピクニックを楽しむ家族。少し離れたところで父親と思われる人物の指示で、男の子たちが紅茶用のお湯を沸かしています。(Tea in The Woods / 1884年版)

ていたからとも考えられます。いずれにせよ、一度に多くの人々と社交をしていたのです。

ピクニックの際は調味料も持参。西洋ワサビ（ホースラディッシュ）、ミントソース、ビネガー、マスタード、胡椒《こしょう》、塩、上質の油、砕いた砂糖は必須だったようです。そしてもちろん、お皿、グラス（タンブラー、ワイングラスなど各種）、カトラリーも持参します。「ティーカップ、ティーポット、角砂糖、牛乳も忘れずに」と『ビートンの家政本』にあります（コーヒーは淹れ方が難しいのでピクニックには

「ライムジュース・コーディアルは、美味しく爽やかで健康的」との謳い文句で販売されました。（The Illustrated London News / 1898年4月2日）

ピクニック中に熊が遊びに来てしまったら……これはもう諦めるしかなさそうです。（The Illustrated London News Summer Number / 1894年版）

ピクニック中にラグの上に出現した蛇に気を失う女性。蛇に咬まれた際の対処方法についても『ビートンの家政本』には書かれていました。（The Aldine / 1871年11月）

適していないと明記されています）。プラスチックがない時代ですから、食器はすべて陶磁器です。多くの携行品があり、注意深い食器の取り扱いなどが必要になるので、このようなピクニックには当然、使用人、そして男手が欠かせませんでした。

冷めても美味しい茶菓子はピクニックの定番になりました。「キャビネット・プディング」（六九頁参照）もその一つです。「キャビネット・プディング」は直訳すると内閣のプディング、別名の「チャンセラーズ・プディング」も大臣のプディングを意味します。

その由来はもともとこのプディングが国会議事堂の食堂で提供されていたためです。一九世紀前半までは、スライスしたパンを使うレシピが多かったのですが、ヴィクトリア朝にパンからスポンジケーキというリッチな材料に変化して定着しました。自宅で余ったスポンジ生地を利用して作れるため、現在も英国の家庭で親しまれています。

野外でも役立つ家庭の医学

『ビートンの家政本』には、蚋《ぶよ》や蜂《はち》に刺されるといった、ピクニックやハイキングなどの野外活動中に起こりやすいトラブルの対処方法についても記載されています。喉や目を刺されたなど、すぐに病院に行く必要がある事例以外は、家族の安全を守る家庭のドクターの役目は女主人にありました。打撲《だぼく》や、擦《す》り傷《きず》、切り傷に対する対処方法など、家庭でできる適切な治療の基礎知識が必要とされていたのです。

蜂に刺された場合の対処法は、まず、針が残っているときは針を取り出す。そして細かく砕いた石灰とオリーブ油を混ぜ合わせて作った軟膏《なんこう》を丁寧に塗りこむ、とあります。もちろん軟膏など簡単な治療薬を作って常備するのも女主人の仕事でした。ちなみに野外活動中の最も危険な事故は、蛇《へび》に咬《か》まれることでした。蛇は毒を持っていることも多く、非常に危険で、素早い治療を必要としました。

当時の家庭の医療では、ハーブが多く用いられました。イザベラも料理だけで

イザベラ流

お勧めハーブ一覧

●タイム
モロッコ、地中海沿岸が原産のシソ科の多年草です。爽やかな香りをもち、その効能は、鎮痛、咳止め、解熱、整腸、消化促進、体力回復などです。肉料理や魚料理の香りづけとして使われます。家政本でも料理に多数使用されています。

●ペパーミント
地中海沿岸、アメリカ原産のシソ科の多年草。清涼感のある爽やかな香りが特徴で、鎮痛作用、殺菌効果などがあります。胃痛にも効果的です。家政本では、歯痛に効くと紹介されています。

ミント
(Mrs. Beeton's Book of Household Management / 1888年版)

●ローズマリー
スペイン、地中海沿岸地方が原産のシソ科の多年草。清涼感ある香りが特徴で、美容、血行促進、精神安定などに効果があります。家政本では、料理に使うほか、洗髪時にお勧めのハーブとして紹介されています。

●エルダー
ヨーロッパ、西アジア、北アフリカが原産のスイカズラ科の植物。鎮痛、解熱、発汗、炎症に効果的です。お茶として淹れると甘さが引き立ち、リラックスできる味になります。家政本ではワイン、コーディアルとして使用されています。

●カモミール
エジプト原産のキク科の一年草。ギリシャ語で「大地のりんご」を意味する言葉が語源となっています。古くから薬用として利用され、効能は鎮静や解熱、発汗、不眠解消などがあげられます。また消炎効果を持つため、家政本では、湿布として使用されています。

●セージ
ヨーロッパ南部、地中海沿岸が原産のシソ科の多年草。口内洗浄、健胃、消化不良、更年期障害などに効果的です。葉は主にお茶や肉料理の調理、防虫・防腐剤などに利用されます。家政本でも料理に多用されています。

セージ
(Mrs. Beeton's Book of Household Management / 1888年版)

ヴェネチアの海で汽船に乗っている休暇中の人々。美しい景色を眺めながらのティータイムは癒しのひとときでした。（The Graphic / 1889年12月7日）

はなく、病気や怪我の治療にもハーブをよく使っています。

『ビートンの家政本』一八一八番には、風邪予防としてエルダーで作る果実酒のレシピが掲載されています。エルダーの実を九月に採取し、発酵させて自家製の果実酒を作って保存。果物が少なくなる真冬に、風邪の予防として活用したのです。現在、エルダーの実から作るこの果実酒とともに、「エルダー・コーディアル」（コーディアルとは果実やハーブを濃縮して作ったノンアルコール飲料）と呼ばれるエルダーの花から作るシロップも、英国人の生活に欠かせない飲料です。

スポーツを楽しむ

一八八〇年頃から、ピクニック会場まで自転車に乗り颯爽《さっそう》と駆け抜けていく女性の姿が見かけられるようになります。「サイクリングブーム」の到来です。英国男性は古くから、もの静かで倒れるほど細い、守ってあげたくなる女性を理想としていました。一九世紀前半まで、スポーツは理想の女性像に逆行すると考えられていました。そのため、女性たちの運動は「散歩」「ダンス」が主流でした。

一九世紀中頃から、台頭した中産階級の男性がスポーツに熱中するようになっても、女性は綺麗に着飾り、乗馬やボートレース、クロッケーなどの試合を観戦することしか許されませんでした。

しかし、コルセットの廃止論など、女性の「自由」を訴える声が強くなり、とうとう自転車に乗る女性まで現れるようになったのです。一八九四年、ロンドンで「ニュー・ウーマン」というタイトルの劇が上演されました。劇中に登場した、新時代の女性を象徴するアイテムは「ドアの鍵」「自転車」「煙草」。鍵は夫の許可なく外出できる立場を、自転車は健康的な肉体を、そして煙草は男性と同等の立場を意味しました。

汽船で海峡を越える

一九世紀前半までは、日曜日のみの休暇が主でしたが、一八六七年に土曜半日休暇制が定められ、週休二日制が実現します。さらに一八七一年に銀行休暇法《バンクスホリディ》やイースターやクリスマスなどの国民の休日も成立します。クリスマス期間に、一～二週間の長期休暇をとれる職場も多くなりました。また中産階級の間では、上

コラム　ヴィクトリア朝に流行した女性のスポーツ

クロッケー

英国発祥の芝生で行うスポーツで、日本のゲートボールの原型となっています。マレット（木槌）を使うのが特徴。女性にも優しいスポーツとして人気を呼びました。ルイス・キャロル著『不思議の国のアリス』では、アリスがフラミンゴをマレット代わりにし、トランプの女王と一緒にクロッケーをする場面があります。

（The Illustrated London News / 1871年8月5日）

サイクリング

サイクリングは、長い間女性の身体にはよくないスポーツとされてきました。しかし19世紀末に、「女性の解放」のシンボルとなり大流行します。サイクリング用の女性のジャケット、ブルマーなどのファッションまで登場し、ファッション誌などでも取り上げられるようになりました。（The Illustrated London News / 1895年7月20日）

テニス

テニスは芝生（ローン）のコートにネットが張られて行われたことから、ローンテニスと呼ばれました。走ることが少なく、激しい動きを伴わないことから、フェミニンなドレスを着ている女性でも可能なスポーツとして人気になりました。テニスを楽しむことは、中産階級のステイタスとなり、『眺めのいい部屋』にもテニスシーンが多数登場します。（The Illustrated London News / 1886年8月21日）

フィッシング

釣りは昔から、健康のためによいスポーツとされていました。魚が釣れなかったとしても、自然にふれ、新鮮な空気を吸うだけでもよいといわれました。ボートの上で釣りを楽しむカップルの姿もよく見られました。（The Illustrated Sporting and Dramatic News / 1884年8月9日）

バドミントン

原型はインドの玉突き遊び「プーナ」で、インド帰りの英国人将校たちから広がりました。1873年、ボーフォート公爵の私邸バドミントンハウスで行われたパーティーの余興で、シャンパンの栓に鳥の羽根をつけ、テニスのラケットを振って机越しに打ち合いをしたことから、このスポーツは「バドミントン」と呼ばれるようになりました。打ちつづける回数を競うスポーツだったので、女性にも人気でした。(The Graphic / 1874年4月25日)

ビリヤード

ビリヤードは、14世紀頃フランスで発祥したといわれています。戸外で行われていたものが、室内の机の上で楽しむスポーツとなりました。象牙のボールを使用していたため、上流階級を中心に楽しまれ、中産階級の家庭ではビリヤード台を所持することはステイタスとされました。動きが少なく知的なスポーツとして、女性に広まりました。(The Illustrated London News / 1886年8月21日)

ボウリング

ボールでピンを倒すことにより災いから逃れることができるとして、紀元前に宗教的な儀式から発祥。17世紀にアメリカで10本のピンを倒すテンピンズ・ボウリングのルールが生まれ、英国でも広まります。女性用の軽いボールも普及しました。(The Graphic / 1872年10月19日)

流階級の優雅なライフスタイルを模倣し、夏の行事として二〜三週間、海外や海辺での休暇をとることがステイタスシンボルとして定着していきました。このような休暇を充実させるのに一役買ったのが、汽船、鉄道の発達でした。

ロンドンでは一八三〇年代から、テムズ川を汽船が定期的に運行し、人々の日常の足として利用されました。しかし一八五〇年以降、鉄道の普及によって汽船に乗る人は減少。さらに地下鉄の誕生で、一八六〇年代にはその役目を終えます。小さな汽船は衰退しましたが、反対に大型化した汽船は海外への交通手段として発展しました。一八三七年に進水した「グレイト・ウェスタン号」は、一八三八年にブリストルからニューヨークまでを一五日間で航海し、喝采《かっさい》を浴びました（出航前は、汽船が太平洋を横断できるのかを不安視する人が多く、最初の乗客は五〇人で、他は大量の貨物でした）。

このような大型汽船の船内には豪華な家具やベッドも整えられ、上流階級、そして中産階級の旅行ブームをいっそう高めました。一八八〇年代後半には、アメリカへの航海日数は五日間に短縮されます。大型汽船で気軽に海峡を横断できるようになると、ドーバーからフランスまでの定期船が運行開始。パリのファッションに憧れる女性たちが直接現地で最新モードの洋服を購入することも可能になり、おおいに歓迎されました。

ビートン夫妻は『ビートンの家政本』出版後の一八六四年、汽船を使って海峡を渡り、フランスを経由してドイツを訪れました。ドイツでは、ベルリン、ポツダム、ドレスデン、そしてマイセンにも立ち寄っています。新婚旅行以外の海外旅行は中産階級にとっては贅沢でしたが、イザベラたちは、雑誌の取材も兼ねての旅行を楽しみ、ポツダムのサンスーシ宮殿の庭園で紅茶を楽しんだそうです。

海の上でのティータイムは時に高波に邪魔されることもありました。
（The Illustrated London News / 1895年9月30日）

鉄道の発展

汽船とともに、鉄道も、ヴィクトリア朝の交通発展に貢献しました。鉄道は一

ユーストン駅で鉄道を待つ人々。（The Graphic / 1870年1月1日）

八三〇年、リヴァプールとマンチェスターの間に初めて開通しました。開通当初は鉄道の安全性に不安をもつ国民も多かったのですが、一八四二年にヴィクトリア女王夫妻が特別列車でウィンザーからロンドンのパディントン駅まで二五分間乗車し、「とても快適だった」と述べたことが広く報道され、鉄道が便利で安全な乗り物だと認知されたようです。一九世紀後半には、郊外の自宅から、都心のオフィスまで鉄道で通勤する中産階級の男性も増えます。イザベラの夫サミュエルも、ピナーの自宅からロンドンのストランドまで、毎日鉄道で通勤していました。

鉄道網が都心だけでなく、地方にまで拡大化していったことで、遠くまでの移動が容易になり、日帰りでのピクニックや国内外への旅行が人気となります。このような旅行ブームは、女性にも鉄道に乗る機会を与えました。『ピーターラビットのおはなし』（一九〇二年）の作者ビアトリクス・ポター（一八六六〜一九四三）も幼い頃、夏になると両親とともに鉄道に乗ってスコットランドや湖水地方を訪れました。ビートン夫妻も、鉄道と汽船

鉄道の発達は、旅行ブームを呼びました。長距離の車中では雑誌や本が欠かせない存在になりました。（The Illustrated London News / 1900年9月15日）

鉄道の食堂車の様子。長距離を走る鉄道には、このような食堂車が常設されるようになりました。（The Graphic / 1893年7月15日）

流行の女性用の水着のカタログ。肌を極力露出させない水着が主流でした。（Ladies' and Children's Bathing Suits / 1873年版）

海辺でのリゾートはステイタスでした。女性と子どもだけが描かれていることから、この海岸が女性専用だったことがうかがえます。
（A Seaside / The Illustrated London News / 1890年8月30日 ）

を利用し、アイルランドまで旅行に出かけています。当時の女性の多くは、旅の記録を日記にしたためました。イザベラも、もちろん旅の記録を残しています。

海水浴

ヴィクトリア朝にリゾート地として注目されたのが、港町ブライトンです。ブライトンはその昔、ブライトヘルムストーンという名の小さな漁村でした。医学博士リチャード・ラッセル（一六八七〜一七五九）が「塩水と塩分を含んだ空気が健康に非常によい」と、海水浴を推《すい》奨《しょう》する本を一七五三年に出版したことから、ブライトンは人々の注目を集めるようになります。ジョージ四世（一七六二〜一八三〇）は皇太子時代からブライトンを贔屓《ひいき》にし、東洋趣味を反映させた夏の離宮ロイヤルパビリオンを建築。一九世紀初頭は、王族と上流階級の人々が、そして一九世紀後半になると鉄道の普及によって中産階級の人々も続々と訪れるようになりました。

　禁欲主義が徹底されていたヴィクトリア朝。一八八〇年代まで、男性と女性が一緒に海で泳ぐことは避けられていまし

ウェールズ地方・カーマーゼン湾でのリゾートを楽しむ人々。水際にはたくさんのベージングマシーンが並んでいます。（ST. Cathrine's Rock and Fort / 1895年版）

た。また、海水浴といっても、できるだけ肌を見せずに水に浸《つ》かることが女性のたしなみとされました。女性たちはベージングマシーンと呼ばれる移動更衣室のなかで水着に着替え、ベージングマシーンごと海に向かい、人目にふれないように水に浸かりました。

ベージングマシーンは、外からのぞき見されないように、窓は高いところに小さなものがついているだけ。中の居心地は決してよいものではなかったようですが、この移動式の更衣室のおかげで、女性たちは、初めての海水浴体験を満喫することができたのです。水着姿を人目にさらすことは少なかったものの、ファッション誌では水着特集も多く組まれたようです。

一八四七年、ヴィクトリア女王もこのベージングマシーンを利用し、その体験をこのように表現しています。「使用人とともに浜辺に行き、ベージングマシーンのなかで服を脱ぎ、生まれて初めて海に入りました。とても美しい付き添いの女性がサポートしてくれました。とても愉快な経験でしたが、水中に潜《もぐ》ったら息苦しくて死にそうでした」

こうした休暇を通して、女性たちは家族や友人たちとの絆《きずな》を深めました。

第6章

女主人の教養

家庭招待会、夏の休暇を通して親交を深めた友人たちとの次のステップは、夕方から夜にかけてのおもてなしでした。新米の女主人にとって、こうした長時間のおもてなしは、大きな課題となりました。

ハイティー

ヴィクトリア朝では、午後の家庭招待会を経て、夕方、夜……と遅い時間の食事をともにすることが、より親しい関係を表す目安とされていました。ディナーの前段階のおもてなしとして活用されたのが「ハイティー」です。

ハイティーはもともと、北イングランド、スコットランドの農村地帯で、一日一〇時間労働を強いられているような人々が、帰宅後すぐに夕食をとれるよう、作りおきした食事とお茶で軽い夕食をとったことが始まりといわれる習慣です。中産階級の人々の間では「来客をもてなす食事を兼ねたお茶の時間」という認識で活用されました。

ハイティーはとくに日曜日の夜のおもてなしに活用されることが多かったようです。日曜日は使用人を教会に行かせ、場合によっては、一部の使用人を家族のもとに帰す雇い主もいました。そのため日曜日の夜に客を招く場合は、使用人の力をできるだけ借りずにすむ「ハイティー」が選択されたのでしょう。『ビートンの家政本』を編集したイザベラは「ハイティーの時間はディナーよりも堅苦しくない時間」と述べています。ハイティーは若い世代の人々には、スポーツに興じたあと一緒に楽しめる、週末の食事スタイルとして歓迎されました。

一八八八年版『ビートンの家政本』三二〇〇番には、ハイティーのメニューが掲載されています。温かい食べ物が一～二品、作りおきの冷たい料理が数品、サラダ、数種類のケーキ、カスタードかクリームを添えたフルーツタルト、フレッシュフルーツなどで、ディナーに比べると作りおきできるメニューが多いのがわかります。食べる順番は温かい食べ物から。デザートとともに楽しむ紅茶やコーヒーは、メインテーブルの横のサイドテーブルに用意されました。肉料理は二品ほどが普通でしたが、男性の来客が多く、肉料理の数が増える場合には「ハングリーティー」の名前で呼ばれることもあったそうです。

このようなハイティーの翌日、使用人はいつも以上に部屋の掃除に時間をかけなくてはなりませんでした。女主人が起きる前にダイニングルームの隅々まで掃

10人分のハイティーのセッティング例。（Mrs. Beeton's Book of Household Management / 1893年版）

パーティーの翌朝は、使用人はいつも以上の早起きを求められました。（The Graphic Christmas Number / 1875年12月25日）

き掃除をします。イザベラは「カーペットの掃除をする前に茶葉を撒いておくと、ホコリを集めやすく、部屋にもほのかによい香りが残る」と勧めています。

家族そろっての夕食中、新聞を読んでいる女性が驚きの声を上げます。暖炉でクランペットを温めていた少女はクランペットを落とし、ヤカンのお湯をポットに注いでいた男性は、お湯をこぼしてしまいました。
(The Illustrated London News / 1861年12月21日)

ファミリーティー

来客がいない夕方五〜六時の食事を兼ねたお茶の時間のことは一八八八年版『ビートンの家政本』三二〇一番で「ファミリーティー」として紹介されています。メニューはイワシや瓶詰の肉などの保存食、バターケーキ、ティーケーキ、フルーツ、バターつきのパン、紅茶、コーヒーなど。こうした簡素な内容のファミリーティーは、とくに人数の多い家族には、歓迎されました。

もう少し遅い時間の六〜七時くらいにファミリーティーをとる場合は、食事のメニューはさらに軽くなり、グラスワインとティーケーキ、またはビールとバターつきのパンだけといった具合。「ティーケーキ」は、ヨークシャーより北部の地域ではフルーツなしのシンプルなタイプが、南の地域ではカラントやサルタナレーズンなどドライフルーツ入りが定番となっています。

イザベラは「家族との夕食の時間は、簡易なものであれ、とても重要である」と述べています。たとえ女主人一人だけの夕食であっても、決められた時間に、清潔なテーブルクロスが敷かれ、指示した料理が順序よく提供されることは、使用人にとっても、よい訓練となりました。小さなトラブルも日常に経験しておけば、いざ客人を招く際、失敗も回避できます。

イザベラ流　1786番

ティーケーキ

材料

小麦粉 2ポンド、塩 小さじ1/2、
バターまたはラード 1/4ポンド、
卵 1個、イースト クルミ 大1個、
温めた牛乳

作り方

小麦粉に塩を入れ、バターを混ぜ合わせます。温めた牛乳にイーストを入れ、よくかき混ぜた卵に加えてなめらかなペースト状にします。そこに小麦粉を加えてこねます。火のそばで温めて、生地が膨らんだらケーキの形に形成。生地にカラントと砂糖を入れてもよいでしょう(その場合はバターを混ぜ合わせたあとに加えます)。型に生地を入れ、オーブンで20〜30分焼きます。焼けたら温かいうちにバターを塗って食べます。時間が経ってしまったら、トーストするとよいでしょう。牛乳や水にひたしてからオーブンで温めるのもお勧めです。

お金を勘定している女主人。机の上には鍵つきの金庫、そして家計簿が置かれています。(The Graphic / 1886年3月8日)

家計の管理

家族での日々の夕食は「節約」を学ぶいい機会でもありました。『ビートンの家政本』初版本の一六番で、イザベラは知り合いの裁判官の言葉を借りて、こう述べています。「稼ぎを超えて消費する人をお金持ちだとはいえない。支出を超えない収入がある人を貧乏だとはいえない」。最初は完璧ではない使用人でも、女主人のアドバイスと管理次第で切り盛り上手になることもあります。優秀な使用人がいたとしてもすべてを使用人に任せはしませんから、女主人も家計簿をつけ、どんなに少額でも支払うべき金額を記入する必要がありました。

ヴィクトリア朝では食材の購入はその都度払いではなく、月賦《げっぷ》制が主流。そのため、月に一度、請求書の金額をチェックし、手持ちのお金と帳簿上の金額が一致しているかを確認しなくてはいけません。使用人が家計を上手に運営してくれるようになったら、女主人はそれをきちんと評価してあげることも大切でした。女主人の信頼は、使用人の自尊心を満足させ、さらに能力を発揮させることにつながりました。

テーブルデコレーション

一八八八年版の『ビートンの家政本』三〇六〇番には「テーブルデコレーション」についても細かく言及されています。ハイティー、ディナーなど食事を提供するおもてなしの際には、女主人は季節感のあるエレガントなテーブルを演出する責務がありました。とくにフラワーアレンジメントについて家政本では、「生花は食事と同等の重要性を持っています。女主人、そして使用人もフラワーアレンジメントにかける時間や技術を持ち合わせていない場合には、花屋を臨時で雇いましょう」と説かれています。

とっさのときに困らないように、日頃から家のなかに花を絶やさないこと。イザベラは家政本で、「できる限り朝食の

『ビートンの家政本』では、花を活ける花器は、花瓶として販売されているもの以外にも、貝やボウルなどを勧めています。(Mrs. Beeton's Book of Household Management / 1888年版)

庭に美しく咲いた花でテーブルをデコレーションすることは、最高のステイタスでした。(Pot-Pourri / 1870年版)

たとえ一輪でも、生花を欠かさないことが重要でした。(Mrs. Beeton's Book of Household Management / 1888年版)

フィンガーボウルを使ったアレンジ。水を張ったボウルに、小さな薔薇の葉とホウライシダを浮かべ、花瓶には薔薇の花を飾っています。

(Mrs. Beeton's Book of Household Management / 1888年版)

薔薇の花のアレンジメントをする女主人。使用人が、活け方のアドバイスをしています。
(The Illustrated London News / 1883年9月1日)

時から新鮮なフルーツと花は欠かさずテーブルにのせるように」と進言していました。ビートン家をたびたび訪れていたイザベラの妹は「夕食のときにいつも小さな花瓶に花が活けられて、綺麗に飾られていた」と日記に書き残しています。

毎日の花の購入は無駄遣いにもつながりかねません。程度をわきまえて購入し、庭に咲いた花なども利用して、流行を意識しつつも流されることなく、自分らし

パーティーの際、女主人自らがピアノで来客をもてなしました。ピアノは中産階級の人々に欠かせない教養でした。(The Illustrated London News / 1883年10月6日)

ピアノとヴァイオリンを合わせる女性たち。自宅に人を招いたとき、自らの演奏を披露することがマナーでした。(The Illustrated London News / 1883年1月6日)

いテーブルの演出をすることが重要でした。若い主婦たちは、目上の方の家を訪問する際、それぞれの家庭の花の活け方、花器のヴァリエーションなどをさりげなくチェックし、お手本にしました。

余興

一八八八年版『ビートンの家政本』三一九八番に「女主人は、多くの客人を受け入れ、お茶の時間を、エンターテインメント性のあるものに演出しなければいけない」と書かれています。家庭招待会よりも、ディナー寄りのおもてなしのときには、客人が退屈しないよう、「余興」も必要でした。家政本には「楽器や歌のプロに余興をしてもらう」とありますが、その余裕がない家庭の場合は、自分の友人に依頼をするなどの対策が求められました。女主人自身が音楽の教養を身につけていれば、客人への歓迎を表すためにも、まず自分が最初に、歌やピアノの演奏をします。その際は、会話の妨げとならず、そのあとに続く余興へのきっかけになるよう、短いフレーズの曲を選択するべきでした。

上流階級の子女のたしなみとして認知されていたピアノ。ヴィクトリア朝には中産階級の女性のステイタスシンボルとなりました。イザベラも留学時代にピアノの基礎を学び、結婚前にもロンドンまでピアノを習いに行っていました。ヴィクトリア朝、結婚前の女性が一人で外出することは道徳的に許されなかったため、母が付き添いました。

イザベラのピアノのレッスン中、母は昔馴染みの友人であったビートン家で待つことが多く、このことがきっかけでイザベラはサミュエルと出会い恋愛関係になったのです。ビートン家では結婚祝いに贈られた白いピアノで、余興が行われました。イザベラのピアノの腕前はプロ並みと評価され、来客を楽しませたそうです。

教養のある会話

ハイティー、ディナーのような、数時間をかけてのおもてなしでは、家庭招待会のときよりも親密な会話が必要となりました。『ビートンの家政本』三四番には、女主人の教養が問われる時間は食事の始まる三〇分前だと書かれています。この三〇分をいかに乗り切るかで、

掃除中に、ピアノの練習を始めてしまう女主人。イザベラは家政本で家事と趣味の両立を説きましたが、実際には両方を器用にこなせる女性は多くなかったようです。（The Pictorial World / 1876年3月18日）

女主人の名誉やその日のパーティーの成功が決まるというのです。多数の集まりですと、招待客が全員時間通りに到着するかどうかわかりません。来客の集まり状況、料理の進行具合、使用人の動き、室内に不備がないかなど、この三〇分で把握・対処しなければならないことは山積みでした。

　不測の事態が起きたとしても、女主人は動揺を見せてはいけません。適確に使用人に指示をしつつ、先客に対し、新しい本や、出席者の多くが興味を持ちそうな芸術品について話すなど、明るく楽しい会話を絶えず提供しなければなりません。お腹をすかせている方への対処も必要でしょう。この三〇分をどう切り盛りするかは、女主人の力量にかかっていたのです。

家政本を読みふける女主人。しかし家事はうまく回っていないようです。部屋にはゴミが散らかり、室内のインテリアもまとまっていません。（The Pictorial World / 1876年3月18日）

教養を磨くには

『ビートンの家政本』二五番には、司教の説教を例に、余暇に教養を磨くことの大切さが書かれています。「余暇は心にとり、大鎌の刃を研ぐのと同じ行為である」。つまり切れ味が悪くならないように、心を磨く必要性があるというのです。ほとんどの時間を余暇にあてたのでは、大鎌を研ぐばかりで芝を刈る時間がない。結果として庭の芝生は育ちすぎてしまいます。一方休息をとらなかった人は、ひたすら芝を刈りつづけるも、大鎌の刃を研いでいないため、切れ味が悪く、結果として芝が刈れなくなってしまいます。

「使用人たちへの指示を出し終わったら、適宜余暇を楽しみましょう」と家政本は勧めています。買い物、読書、庭いじり、楽器の練習、絵を描く、美術鑑賞……自分が好きで、夢中になれることに時間をあてるのです。イザベラは「女主人としての職務をまっとうすることと、自分自

水晶宮の愛称で親しまれた万国博覧会の会場。（絵はがき / 消印1908年）

身の人生を楽しむことの両立は可能である」と強く主張。楽しみは、いずれ教養となって、自分自身、ひいては家族の助けとなるからです。

教養は短期間で身につくものではありません。イザベラも家政本の編集作業中には、より教養のある年上の夫人の意見を参考にしたそうです。イザベラが最初にまとめた料理レシピは、彼女に酷評されました。

「料理は、たくさんの経験と長い間の学びによって修得できる技術です。でもあなたには、そんな経験はないでしょう。ですから、無理をせず、すでに出版されている優れた料理本のなかから、これだと思うレシピを集めたものを作ってはいかが。人気の料理本の改訂版を出すのもいいでしょう」。イザベラはこのアドバイスを元に、一からレシピを生み出すのではなく、すでに世に出ているレシピを試し、わかりやすくまとめ直すことで、成功を収めました。

一八〇〇点ものレシピの試作、編集にかかわったことで、イザベラの料理に対する知識や技術が数年で向上したことは容易に想像がつきます。しかしながら、結果を期待して教養を磨くことは上流階級の女性たちにはふさわしくないとされていました。オスカー・ワイルドの戯曲『理想の結婚』（一八九五年）の冒頭では、上流階級のご婦人たちが、ある館のパーティーに参加するかどうかの話をしています。

マーチンモント夫人：私がここのお宅にうかがうのは教育されるためなの。

バズルモンド夫人：まあ！　私は教育されるなんていやだわ！

マーチンモント夫人：私もよ。教育されると商人階級の人たちとほとんど同じレベルになってしまいますものねえ、そうじゃないこと？　でもね、ガートルードさんがいつも私におっしゃっているのよ、人生には何か真剣な目標を持たなくてはいけませんって。

万国博覧会の概要

ヴィクトリア朝、中産階級の文化的な生活の向上に貢献したのは「万国博覧会」の開催でした。一八五一年五月一日、ロンドンのハイドパークで披露された鉄とガラスによる近代建築、通称「水晶宮《クリスタル・パレス》」で、世界初の万国博覧会のオープニングセレモニーが開催されました。万国博覧会の実行委員長としてアルバート公から、開会にいたる経緯が報告されたのち、ヴィクトリア女王が開会宣言をしました。五月一日の初日は、五〇万人を越える人々が訪れ、入場できずに会場周辺に取り残された人たちもいたそうです。

入場者の数が落ち着いた五月末に、月曜日から木曜日までに限って、五シリングの入場料金が一シリングに値下げされました。平日は労働者階級、金土は家族連れの裕福な中産階級の人々と、万国博覧

ロンドンで開催された万国博覧会のチケット売り場。チケットを求める人々であふれかえっています。（Illustrated News / 1853年7月30日）

ヴィクトリア朝にドルトン社の建材で建てられたヴィクトリアン・ゴシックの建物。（2015年ロンドンにて撮影）

会は幅広い階級層で賑わいました。会期中の延べ入場者数は約六〇四万人で、この数は当時の英国の総人口の約三分の一、ロンドンの人口の三倍に当たりました。

　これだけの人々が入場した背景には、印刷技術の進歩による宣伝効果や、会場までの交通手段が鉄道網の発達で格段に進歩したことがあげられます。この万国博覧会の際に、地方からの見学ツアーを売り出したのがトーマス・クック（一八〇八〜一八九二）です。今でいうパックツアーを企画し、観光列車を手配して大勢の労働者を地方からロンドンへと運び、「団体旅行」という新しい形態の産業を築きました。

万国博覧会の展示品

　万国博覧会には、世界三四か国から総計、約一〇万点の作品が展示されました。出展品は、鉱物・化学薬品などの「原料部門」、機械・土木などの「機械部門」、ガラス・陶磁器などの「製品部門」、「美術部門」（絵画をのぞく）に分類されました。会場ではアルコール類の販売は禁止。ソフトドリンク類や紅茶が用意され、会場は娯楽と同時にまじめな学習の場としての機能も果たしました。

　業者や職人にとっても最高の見本市になりました。郵便事業の発達に貢献した「封筒製造器」は、その後すぐに英国国民の生活に普及しました。「飾り時計」、豪華な「陶磁器」の数々は中産階級の人々を魅了し、生活に取り入れられました。人々の憧れだった「ピアノ」は、なんと国内外合わせて九〇社ほどからの展示が……。水晶宮の建築に触発され、中産階級では「コンサバトリー」を所持することが富の証にもなっていきます。

　万国博覧会で話題になった陶磁器会社をいくつか紹介しましょう。一社目は「ミントン」社です。創業は一七九三年。ヴィクトリア女王の結婚祝いに朝食用のセットを制作したことで女王のお気に入りの窯として知られていましたが、それを不動のものにしたのが万国博覧会でした。

　開催日前の四月二八日、女王は内覧のため会場を訪れました。そのとき女王のエスコート役を仰せつかったのは、ミントン社の社長でした。女王はミントン社の展示品である美しいターコイズ・ブルーのデザートセットに一目惚れし、まとめてご購入。また、この万国博覧会で、ミントン社はイタリアのマジョリカ焼きの復刻品を展示し、入賞を果たしました。マジョリカ焼きは、その後ヴィクトリアン・ゴシック建材やインテリアの一部として、中産階級者の家庭で活用されました。

ヘレンド社のヴィクトリア・ブーケ。
（2010年ヘレンドにて撮影）

ミントン社のマジョリカ焼きの猿。
（2013年、ストーク・オン・トレントにて撮影）

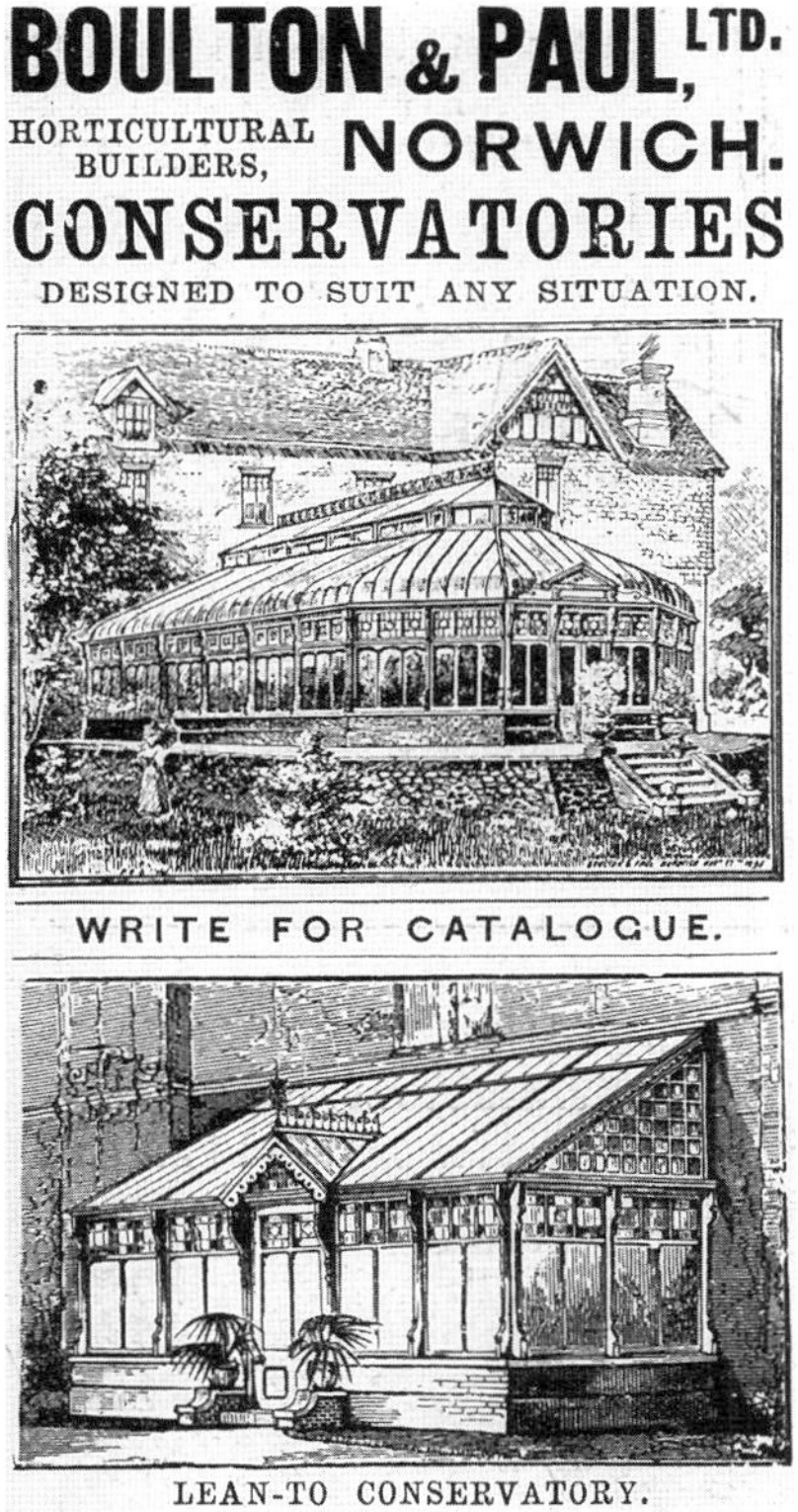

万国博覧会以後大人気となったコンサバトリーの広告。自宅のコンサバトリーでお茶を楽しむことは、中産階級の夢でした。（The Illustrated London News / 1863年2月14日）

　二社目は「ヘレンド」社です。ハンガリーの陶磁器会社で、やはり万国博覧会で名前をあげました。ヘレンド社はもともと転写技法による大量生産の安価な磁器製造を目的に一八二六年に創業しましたが、創業直後に大規模な火災に見舞われ、その生産能力を失いました。

　その後は、手描きでの磁器作りをしていましたが、歴史が浅いためヨーロッパ大陸での評価はあがりませんでした。しかしこの万国博覧会で、ヴィクトリア女王がヘレンド社の花鳥文様の美しい食器を購入されたことから、英国の上流階級、中産階級の注目の的に。そのときに女王が購入されたデザインは現在「ヴィクトリア・ブーケ」の名前で、ヘレンド社の代表作となっています。

　三社目は「ドルトン」社です。一八一五年に陶器会社として創業。初期の頃は小さなインク瓶や食品を入れる容器を製造する日用陶器会社でした。しかし、工場を拡大してからは水道管、土管、テラコッタの植木鉢、チムニーポット、噴水、煉瓦、タイル、洗面台、便器など建築資材にまで製造の幅を広げていきました。

　このような建築資材は、機能性のみを重視しシンプルに作られることが多いなか、ドルトン社は芸術性を加味しました。ドルトン社の独創性にあふれた建築資材は、万国博覧会でも話題を呼び、公共施設をはじめ、中産階級の家庭にも普及しました。

万国博覧会の功績～広がる文化施設

ロンドンの万国博覧会は大成功を収め、一八万ポンドもの利益をあげ、運営面でも評価されました。以後、万国博覧会は、世界各国が参画しながら、現在まで続いています。

博覧会終了後も取り壊しを惜しむ声が多かった水晶宮は、一八五四年にロンドン南部のシドナム・ヒルの頂上に移設されました。新水晶宮は、面積を拡大し、植物園、博物館、コンサートホール、ショッピングセンターなどを持つ巨大な施設として生まれ変わり、市民の憩いの場、娯楽の場として親しまれました。ヴィクトリア女王とアルバート公夫妻もしばしばここを訪問しました。そして遠い日本からも一八六二年に文久使節団の一員として福澤諭吉《ふくざわゆきち》（一八三五～一九〇一）が、一八七二年には岩倉使節団の一員として、岩倉具視《いわくらともみ》（一八二五～一八八三）が視察に訪れています。

万国博覧会のあと、ロンドンには、その収益を活用した文化施設が多数オープンしました。これらの施設は入場料が無料または低価格に設定され、週のうち決まった曜日は夜間まで営業されるなど、幅広い階級が利用できるように工夫されました。こうした施設を通して、当時の女性たちは見聞を広めていったのです。

博物館

【ヴィクトリア＆アルバート・ミュージアム】

ロンドン万国博覧会の収益や展示品をもとに、一八五二年に産業博物館として開館したのが現在の「ヴィクトリア＆アルバート・ミュージアム」です。ヴィクトリア朝の産業、技術の発展を背景に、英国産の工芸品やデザインの質を高める

リーズにできた博物館で美術品の鑑賞を楽しむ人々。（The Illustrated London News / 1868年8月8日）

サウス・ケンジントン・ミュージアムでは、絵画の教室も開催されていました。中産階級の女性にとり、上手に絵を描くことは教養の高さを表しました。（The Graphic / 1870年2月26日）

美術館には週末になるとたくさんの人が集いました。（The Illustrated London News / 1894年6月9日）

機関として構想され、製造業の労働者たちにデザインの重要性を啓蒙する役割も担いました。
　主な収蔵品は絵画、彫刻、写真、ガラス工芸品、金属製品、陶磁器、服飾……と多岐《たき》に渡っています。館内には万国博覧会の特集コーナーもあります。

【大英博物館】

　一七五九年に開館した「大英博物館」は世界最大の博物館の一つで、美術品や、書籍、考古学的な遺品や工芸品など約八〇〇万点が収蔵され、常時一五万点が公開されています。大英博物館は、個人収集家サー・ハンス・スローン（一六六〇～一七五三）の遺品八万点の展示品をベースに、立ち上げられました。故人の遺言により、創設以来、基本的に入場料は無料。ヴィクトリア朝の人々の教養を磨くための場所となりました。
　その後もさまざまな資産家からの展示品の提供が続き、収蔵品が増加したため、一八八一年に自然史関係の収集物を独立させた「自然史博物館」がサウス・ケンジントンに分館として設立されています。『眺めのいい部屋』の主人公ルーシーも大英博物館の常連だったようです。

　「ずいぶん降ってきたわね。ここに入りましょう」
　「ここ」とは大英博物館だった。ミセス・ハニーチャーは嫌だと言った。雨宿りをするなら、お店の方が好い。ルーシーは心の中で母親の非文化性を見くだした。彼女はいまギリシア彫刻に傾倒しているところで、ビーブ牧師に神話辞典を借りて、神々や女神たちの名前を勉強していたのだった。

美術館

【ナショナル・ギャラリー】

　「ナショナル・ギャラリー」は王室の絵画コレクションではなく、国民から寄付された絵画を中心にコレクションされている、すべての階級のために開かれた施設として一八二四年に開館。一八三八年、現在のトラファルガー広場にある建物に移転が完了すると、そのコレクションの数はさらに増し、英国の西洋絵画の中心地となりました。入館料は無料だったため、好きな絵を見に短時間立ち寄ることも可能でした。

【ナショナル・ギャラリー・オブ・ブリティッシュ・アート】

　牧師の息子だったヘンリー・テート（一八一九～一八九九）は、角砂糖事業で莫大な財産を築き、教育機関への寄付、新進の美術家たちの支援に勤《いそ》しみました。一八八九年にジョン・エヴァレット・ミレー（一八二九～一八九六）の代表作『オフィーリア』を含む六五点の英国美術作品を「ナショナル・ギャラリー」に寄付することを申し出ますが、収蔵スペースの問題と、現代美術に対する評価が低かったため、拒否されます。テートは八万ポンドという巨額の寄付を確約し、一八九七年に英国美術、現代美術を専門にする「ナショナル・ギャラリー・オブ・ブリティッシュ・アート」を開設させました。

動物園

　ヴィクトリア朝以前に本格的な動物園は誕生していましたが、その人気が最高潮に達したのはロンドン動物園が一八四七年に月曜日の入場料を半額の六ペンスとしてからのことです。
　目玉となる動物「カバ」を導入したことも人気に一役買いました。土産物屋にはカバのタイ・ピンや陶磁器の置き物が並び、来場者を喜ばせました。ロンドン動物園は、一般客に向けた講演会を恒例化して、動物学的知識の普及にも尽力しました。月曜日は労働者の家族連れで賑わい、日曜日は、中産階級の女性たちが流行のファッションを披露し合う社交の

動物園のカバは大人気。土産物店でもカバグッズが売られたそうです。（Sunday Afternoon at The Zoological Gardens / The Graphic / 1891年12月21日）

この日の新聞は、ブライトンの水族館のオープンを大々的に報じました。水族館は親子連れにも人気でした。（The Illustrated London News / 1872年8月10日）

場ともなりました。

水族館

　一八五一年のロンドン万国博覧会では、鋳鉄《ちゅうてつ》の枠組をもつ華麗なアクアリウムが登場し話題を呼びました。その二年後、一八五三年五月にロンドン動物園内に作られた「フィッシュ・ハウス」は、世界初の水族館となりました。水族館は海辺の生物に対する人々の知識欲に応えました。

　一八七二年には、海辺のリゾート地として人気を博したブライトンに大型の水族館がオープンし、観光の人気スポットとなりました。

図書館

　英国の図書館の起源は、大英博物館の図書部門に由来しています。一八五〇年に「公共図書館法」が成立して以来、世界でも最高水準を維持してきました。初期の蔵書は、一〇世紀から積み重ねられてきた英国王室の蔵書と、サー・ハンス・スローンが収集していた四万冊の書籍でした。

　一八七〇年に初等教育が義務化されてから、識字《しきじ》率《りつ》が上がり、図書館は国民の知識向上に貢献。本を購入できない人はもちろん、貸本屋で本を借りられない人にとっても強い味方になりました。

貸本屋

　一八六一年まで、紙には紙税が課せられていたため、ヴィクトリア朝に入っても本は高価なものでした。そのため上流階級以外は、本は買うものではなく借りて読むのがふつうでした。

　数多くあった貸本屋のなかでも、とくに有名だったのはチャールズ・エドワード・ミューディ（一八一八～一八九〇）が一八四二年に開いた「ミューディーズ」でした。年会費が他社より格段に安い一ギニーで、それさえ支払えば一度に一冊、年間何度でも借りられるシステムでした。当時ミューディーズの蔵書は一〇〇万冊近くあり、本の需要がいかに多かったかがうかがえます。

ミューディーズの店内。本を借りに来た女性たちで賑わっています。子ども連れの女性の姿もあります。(The Illustrated London News / 1889年1月19日)

ヴィクトリア朝、女性だけでアルコールを出すお店に入ることは、はしたないことだと思われていたので、ティールームは女性にとって貴重な場所でした。(The Illustrated London News / 1893年4月1日)

図書館で本を探している女性。興味を引く本に出会ったのでしょうか。
(A Peep at The Last Page / 1874年版)

In the Refreshment-Room.

駅の構内で紅茶を楽しむ女性。主要鉄道駅の構内には、女性向きのティールームが設置されていました。(The Illustrated London News / 1894年8月11日)

ミューディーズのコンセプトは「家族がそろって読める本」。書籍のラインナップも健全なものが多かったため、女性も入りやすい貸本屋でした。『ビートンの家政本』も、もちろんミューディーズに置かれていたそうです。

こうした文化施設などへの外出が増えたヴィクトリア朝、女性を助けたのがティールームでした。一八六〇年代より、都市部の駅周辺、デパートや博物館のなかに、女性も気軽に利用できるレストランやティールームが続々とオープンしました。これらの施設は、女性をターゲット層とし、店内を女性好みの居心地のよい空間にしつらえました。女性たちはこのような場所で教養を磨きつつ、友人との親交を深めていったのです。

第7章 冬の楽しみ

長い冬を快適にすごすために
女性たちはどんな楽しみを持っていたのでしょうか。
一年で最も輝かしい祝日クリスマスは
人々が何より心待ちにしていた行事です。

クリスマスツリー

クリスマスを祝う習慣は中世からありましたが、クリスマスが宗教的な意味合い以上に「国民の楽しみ」として定着したのはヴィクトリア朝です。これには、ヴィクトリア女王がドイツに縁のあるアルバート公と結婚したことが大きく影響しています。

ヴィクトリア朝のクリスマスを象徴するのは、やはり「クリスマスツリー」でしょう。英国でクリスマスツリーが飾られたことが初めて新聞で紹介されたのはウィンザー城のツリーでした。一八四一年、女王夫妻に長男エドワード皇太子が誕生したことを祝して、アルバート公が祖国ドイツの習慣を息子に伝えようと、クリスマスツリーを取り寄せたのです。それまで英国にはクリスマスツリーを飾る習慣はありませんでした。蠟燭《ろうそく》、ドールハウスの小物、砂糖菓子をぶら下げた女王夫妻のツリーはテーブルの上に置かれ、その足元を贈り物が取り囲みました。

その後女王夫妻は、子どもの数だけツリーを用意したため、四男五女に恵まれた王室のクリスマスはとても華やかなものになりました。クリスマスツリーの前

クリスマスツリーを飾りつける親子。ツリーには小さな人形や動物、楽器などが飾られています。（The Illustrated London News Christmas Number / 1876年版）

妻へのクリスマスプレゼントを吟味中の夫。クリスマスプレゼントの購入は男性にとっても楽しみでした。（The Illustrated London News Christmas Number / 1876年版）

クリスマスカードにはクリスマス・プディングのイラストが描かれています。（1890年代）

でくつろぐ女王一家の姿は新聞にたびたび掲載され、はじめは上流階級に、一八六〇年代には中産階級や労働者階級にも、クリスマスツリーの習慣が浸透しました。クリスマスツリーはクリスマスから数えて一二夜の日（一月六日）まで飾られます。片付けが早すぎたり、遅すぎたりすると不幸なことが起こる……という言い伝えもあります。

クリスマスカード

クリスマスをおおいに盛り上げたのが、親しい者同士で贈り合うクリスマスカードです。ヴィクトリア朝、裕福な家庭の子どもたちは寄宿舎学校で学んでおり、そこには生徒が美しい紙にクリスマスや新年の挨拶を書く「クリスマス作品」を作る習わしがありました。生徒たちはできあがった作品を持ち帰り、両親に手渡します。両親はそのカードから、文章力や、字の美しさなど、子どもの教育の成果を知ったのです。この慣習が社交の楽しみを知りはじめた中産階級の人々にも普及。一八四三年からクリスマスカードの印刷が可能になったことも、その広がりに貢献しました。

クリスマスカードの絵柄は当初は宗教色が強いものでしたが、中産階級にカードを送ることが習慣化すると、雪景色やファーザー・クリスマス（英国のサンタクロースの呼び名）の姿、クリスマスツリーと子どもたち……など親しみやすい絵柄が採用されるようになりました。

贈られたカードをクリスマスから新年にかけて、客人の目にふれる応接間に飾ることも流行します。社交に熱心だったヴィクトリア朝の人々が、互いに競い合うようにしてカードを贈るようになったのは自然の流れでした。

クリスマスプレゼント

クリスマスプレゼントの習慣は、食料に乏しい真冬、互いの食べ物を交換し合ったことが始まりだといわれています。キリスト教の伝来によって、東方の三博士が幼子イエスに贈った品々と結びつけた、宗教的な習慣となりました。

ヴィクトリア女王は結婚後初めてのクリスマスにアルバート公へ、ジョージ・ヘイター（一七九二～一八七一）に描かせた夫の肖像画をプレゼントしました。アルバート公からは、小さなモロッコ革の

湯気を立てる温かいクリスマス・プディングは、幸せの象徴でした。（The Illustrated London News / 1867年12月21日）

裁縫箱が贈られました。こうした贈り物の習慣は、ウェディングプレゼントとともに、ヴィクトリア朝の中産階級にとっても大切なものになりました。

フォスターの小説『ハワーズ・エンド』（一九一〇年）には、クリスマスの贈り物選びに不慣れな田舎出身のウィルコックス夫人と、商業化されたクリスマスに飽き飽きしているマーガレットが二人で買い物に行くシーンが描かれています。

「まず、贈りものをする人たちの表を作らなければ」とマーガレットがいった。「そしてすんだのから消していくんです。わたしの叔母はいつもそうして、それに、この霧はもっとひどくなるかもしれませんから。これからどこへまいりましょうか」

「ハロッズかヘイマーケット・ストアと思ったんですけれど」とウィルコックス夫人はあまり自信なさそうにいった。「ああいう所ならばなんでもあるはずですから。わたしは買い物が下手なんです。……表を作らなければなりません。この手帳に書いてくださいませんか、あなたのお名前を一番上に」

「嬉しいわ」マーガレットはそれを書きながらいった。「わたしから始めて

クリスマス・プディングをかき混ぜるために子どもたちが台所に集合。どんな願いごとを唱えているのでしょうか。（The Illustrated London News / 1892年12月17日）

くださるなんて」しかし彼女は高価なものはほしくなかった。

二人はその後、子どもたちに「玩具の馬」「お化けの人形」を、村の教区長の夫人に「銅の湯たんぽ」、そして「クリスマスカード」などを購入します。購入されたクリスマスプレゼントは、相手の家にクリスマスの前日までに届けられ、クリスマスツリーの足下を彩るのです。プレゼントを開封するのはクリスマス当日の朝でした。

クリスマス・プディング

クリスマス当日までに準備しておくべきものの一つが「クリスマス・プディング」でした。クリスマス・プディングは干しブドウなどのドライフルーツと、スエット(牛脂)をたっぷり入れた濃厚な味のスチームプディングです。今では英国の伝統的なクリスマスのデザートになっていますが、定着のきっかけは、一七一四年。ドイツ人のジョージ一世が英国王として即位後、初めて英国で迎えるクリスマスの際、このプディングを口にしたことでした。まずは上流階級の人々がクリスマスにこぞって楽しむようになります。

チャールズ・ディケンズはクリスマスに発表した小説『クリスマス・キャロル』(一八四三年)のなかで、このプディングを実に印象的に描写。「クリスマス・プディング」の名前は中産階級、労働者階級にまで広まっていきました。

> 一分とたたないうちに母さんはプディングをささげ、上気した顔を誇らしげに、にこにこさせながら入ってきた。かたくしっかりしていて、点々のある弾丸のようなプディング、四分の一パイントの半分のそのまた半分のブランデーはぽっぽと燃えている。そしててっぺんにはクリスマスの柊《ひいらぎ》がさしてあった。

『ビートンの家政本』にももちろん初版からクリスマス・プディング――大人用の「クリスマス・プラム・プディング」と、子ども用の「プレーン・クリスマス・プディング」が掲載されています。子ども用のプディングは大人用に比べドライフルーツを控えめにし、代わりに小麦粉が足されています。

クリスマス当日の四週間前の日曜日は、プディングを作りはじめる「かき混ぜの《スターアップ・》主日《サンデー》」と呼ばれています。プディング作りはもちろん使用人の仕事です。ただし生地を型に流し込む前に、反時計回りに一人一回ずつ、願いごとを唱えながら混ぜるという風習があるため、女主人も子どもたちも台所へ集まり、生地を楽しく

イザベラ流　1328番

クリスマス・プラム・プディング

材料

レーズン 1と1/2ポンド、
カラント 1/2ポンド、
ミックスピール 1/2ポンド、
パン粉 3/4ポンド、
スエット(牛脂) 3/4ポンド、
卵 8個、
フランベ用のブランデー ワイングラス1杯

作り方

レーズンを半分に切ります。カラントを洗い、乾燥させます。スエットを刻み、砂糖漬けのピールを薄くスライスします。パンを細かくすりおろしてパン粉を作り、レーズンとカラントを加えて混ぜます。溶いた卵、ブランデーを加え、よく混ぜたら、バターを塗ったプディング型に入れます。布をかぶせしっかり結びつけ、5～6時間型ごとゆでてください。食べる日には、2時間ほどゆでたあと型から外し、ブランデーソースを添えましょう。ワイングラス1杯程度のブランデーで、フランベしましょう。

混ぜ合わせました。

プディングの中に、小物を入れ込む習慣もありました。ボタンは一生独身、蹄《てい》鉄《てつ》や星は幸福、コインは富を、熊は強さ、指ぬきや指輪は愛や結婚の象徴……といった占いの一種として使われていました。それぞれのアイテムの意味は、地方によっても若干異なります。スコットランドでは、銀貨が当たった男性と指ぬきを引いた女性は結婚するという言い伝えがあるそうです。NHK連続テレビ小説『マッサン』（二〇一四〜二〇一五年放送）では、スコットランド人エリーの実家のクリスマス・パーティーに招かれ、マッサンが銀貨を、エリーが指ぬきを引き当て、占い通り二人はのちに結婚をする……というエピソードが登場しています。

クリスマスクラッカーを楽しむ子どもたち。どちらが勝ったのでしょうか。
（The Illustrated London News / 1893年12月23日）

クリスマスクラッカー

クリスマス・ディナーのスタートは、クリスマスクラッカーを鳴らすことから始まります。クリスマスクラッカーは一八四七年、菓子職人であったトム・スミス（生没年不明）によって発明されました。トムは一八四〇年にパリを訪れた際、両端をひねった紙に包まれた「ボンボン」という菓子を知ります。このボンボンを原型に、暖炉の焚き火の弾ける音からもアイデアを得て、オリジナルのクラッカーを生み出したのです。

二人の人がそれぞれクラッカーのくびれた端を持ち、同時に引っ張ると、摩擦《まさつ》で火薬のついた紐が「パン！」と弾けるしくみです。中には紙でできた王冠、小さいプレゼント、格言やジョークの書かれた紙などが入っており、真ん中の部分がより多くくっついてきたほうが、そのおまけを手にすることができるというルールでした。クラッカーはクリスマスシーズンだけではなく、一九〇〇年のパリ万国博覧会や、王室の特別な行事のためにも生産されるほど広く普及しました。

クリスマス・ディナー

クラッカーでクリスマスを祝福したあとに始まる豪華なクリスマス・ディナー。メイン料理は上流、中流の家庭では七面《しちめん》鳥《ちょう》、労働者階級の家庭では鵞鳥《がちょう》が人気でした。『クリスマス・キャロル』で描写されたクリスマス・ディナーを見てみましょう。

床の上には七面鳥、がちょう、その他の肉料理、塩漬けの豚肉、肉の大きな切り身、子豚の肉、長く輪の形につないだソーセージ、ミンス・パイ、プラムプディング、樽に入ったカキ、真っ赤に焼けた栗、桜色の頬っぺをしたリンゴ、汁気たっぷりのオレンジ、つやつやした梨、すごく大きな一二夜ケーキ、などなどが山と積まれて玉座を作り、煮えたぎるパンチの湯気で部屋じゅうがおいしい霧に包まれています。

クリスマスシーズンの七面鳥のイラスト。少女と同じくらい大きな七面鳥は、このあと食べられてしまうのでしょうか。(The Illustrated London News / 1888年12月22日)

保存食を保管する倉庫には紅茶やジャムが並べられています。子どもたちが倉庫に入り、貴重なジャムをつまみ食い。子守役の女性は失態を主人に目撃され震え上がっています。(The Illustrated London News / 1860年版)

七面鳥にはクランベリーソースやジャムをつけて食べるのが英国流。『ビートンの家政本』を編集したイザベラは、秋の間にジャムやジェリー作りをし、リンゴやカボチャなどの日持ちのよい食べ物は保管庫に保存しておくよう勧めています。

また「一二月には、一年で最も大切な親しい人たちを招く機会があります。クリスマスをみなが笑顔で、満ち足りた気持ちで迎えられるよう、食品庫を食べ物で一杯に満たし、プラムの種を抜き、スグリを洗い、シトロンを刻み、卵を割りほぐし、プディングを混ぜることは一家の主婦にとって非常に意味のあることです」とも、述べています。

クリスマスの飲み物

乾杯や食後に楽しまれたのが、クリスマスの贅沢さの象徴だった「モルドワイン」です。これは赤ワインに、ヴィクトリア朝の頃とても高価だったクローブ、シナモン、バニラ、カルダモンなどのスパイス、そしてオレンジやレモンなどの柑橘類《かんきつるい》、砂糖などをブレンドして仕上げる甘い飲み物です。モルドワインの紅茶版といえるのが「クリスマス・ティー」。さまざまなスパイスを紅茶の茶葉にミックスして楽しみます。クリスマス・ティーは、クリスマスの特別な飲み物であり、新年に向けて風邪をひかずに元気でいられるための「薬」の意味も持ちました。各家庭の主婦は、家族の健康を考えながら、オリジナルのミックスティーを作成したのです。

ファーザー・クリスマス（サンタクロース）の持つお盆にはクリスマス・プディング、そしてモルドワインがのっています。（Illustrated Times / 1855年12月22日）

クリスマス・ティーのブレンド役はのちに紅茶販売業者が担うようになり、クリスマス・ティーは毎年のクリスマスの定番商品となりました。このように、ヴィクトリア朝のクリスマスの食べ物、飲み物からは「スパイス」、そして「柑橘」の香りがします。それらの香りに包まれると、人々は幸福を感じ、クリスマスの訪れを実感するのです。『ビートンの家政本』のなかにもさまざまなスパイスが登場します。冬にお勧めのスパイスを次頁でいくつか紹介しましょう。

ヤドリギの下でキスを

ヤドリギは愛の女神フリーガを表す神聖な植物とされています。フリーガは、夏の太陽神バルダーの母。ところが息子バルダーは悪の神ロキの企みにより、ヤドリギで作った弓矢で射殺されてしまうのです。他の神々とフリーガの力でバルダーは生き返りますが、そのときに流したフリーガの涙が真珠のような白いヤドリギの実になりました。その後、ヤドリギの下を通る誰にでも、フリーガは喜びと愛のキスを贈ったのだそうです。

このような由来から、一六世紀以降、クリスマスになると、玄関や台所の天井などにヤドリギを吊るす習慣が定着しました。ヤドリギの下に立った女性に、男性は遠慮なくキスをすることが許されました。ただしキスのたびにヤドリギの白い実を摘み取るのがルールで、全部なく

イザベラ流

お勧めスパイス一覧

●ジンジャー

インド、東南アジア原産のショウガ科の多年草。解毒作用や食欲増進、消化促進、体を温める働きがあり、風邪のときには特効薬として使われます。家政本では料理の味付けのほか、菓子類やビールの材料としても用いられています。

ジンジャー（Mrs. Beeton's Book of Household Management / 1888年版）

●ナツメグ

モルッカ諸島が原産とされるニクズク科の常緑樹。防腐効果が強く、肉の臭い消しとして使われています。家政本では仔牛料理や、お酒の風味付けにも使われています。また育毛にもお勧めと記されています。

ナツメグ（Mrs. Beeton's Book of Household Management / 1888年版）

●サフラン

アヤメ科の多年草で、原産地はスペイン、イタリアなどのヨーロッパから西アジアにかけて。消化作用、鎮痛効果、健忘症予防などが効能としてあげられます。また料理の香りづけ、染料としても利用されてきました。家政本では猩紅熱に効くと紹介されています。

●クローブ

モルッカ諸島原産のフトモモ科の常緑樹のつぼみを乾燥させたもの。食欲増進や防腐作用があります。香りが強いので使い過ぎには注意が必要。家政本では料理のほか、クリスマス用のオレンジのポマンダーを作る際に使われています。

クローブ（Mrs. Beeton's Book of House-hold Management / 1888年版）

●シナモン

スリランカが原産地のクスノキ科の常緑樹。主な効能として、食欲増進や解熱、殺菌など。古代エジプトでは、ミイラの防腐剤としても利用されていました。家政本でも料理やお菓子作りのほか、コレラの予防薬として紹介されています。

シナモン（Mrs. Beeton's Book of House-hold Management / 1888年版）

●ブラック・ペッパー

インド南西部原産のコショウ科の多年草。抗菌、防腐、防虫、食欲増進、新陳代謝などに効果を発揮します。家政本でも、肉料理や野菜料理、スープなど、ジャンルを選ばずさまざまな料理に用いられています。

ブラック・ペッパー（Mrs. Beeton's Book of House-hold Management / 1888年版）

なればキスの儀式も終わります。

クリスマスの物語

ヴィクトリア朝、クリスマスをテーマにした小説がいくつも書かれました。先に紹介したディケンズの『クリスマス・キャロル』は、そのなかでも最も人気を博しました。ケチでクリスマス精神のかけらもない強欲なスクルージがクリスマス・イヴに、三人の精霊に過去・現在・未来のクリスマスを見せられ、慈愛に満ちた明るい人物に改心するという内容です。

オスカー・ワイルドの『幸福な王子』（一八八八年）は子ども向けに書かれた短編小説ですが、大人にも感動を与えました。町の中心部に高く聳《そび》え立《た》つ金箔《きんぱく》の王子像は、冬が来る前にエジプトに渡る予定のツバメと出会います。王子はツバメに、さまざまな苦労や悲しみを抱えた人々がいることを教え、自分の体を飾っているルビーやサファイア、そして金箔をそうした貧しい人々に分け与えてほしいと頼みます。

遥か向こうの小さな通りに貧しい家があります。窓が一つ開いていて、テーブルについた婦人が見えます。顔はやせこけて、疲れ果てています。彼女の手は荒れ、縫い針で傷ついて赤くなっています。彼女はお針子なのです。彼女はトケイソウの花をサテンのガウンに刺繍しています。そのガウンは女王様のお気に入りの侍女のためのもので、次の舞踏会に着ることになっているのです。部屋の片隅のベッドでは、幼い息子が病のため寝ています。熱があり、オレンジが食べたいと言っています。母が与えられるのは川の水だけなので、その子は泣いています。ツバメよ、ツバメ、小さなツバメ。私の剣のつかからルビーを取り出して、あの婦人にあげてくれませんか？　両足がこの台座に固定されているから、私は行けないのです。

金箔のはがれたみすぼらしい姿になった王子、そして南に渡っていくチャンスを逃し、寒さに凍え死んだツバメを、神様は天国に導きました。自らを犠牲にした博愛《はくあい》精神は、ヴィクトリア朝の人々の心に響き、クリスマスのチャリティー活動の盛り上がりにもつながりました。

ボクシング・デー

クリスマスの翌日を、ボクシング・デーと呼びます。教会が貧しい人たちのために用意したクリスマスプレゼントの箱を開ける日に由来します。使用人たちも

クリスマス・プディングを囲んだ食卓。女主人の頭上にはヤドリギが飾られています。（The Illustrated London News / 1868年12月19日）

この日は休暇をもらえました。そのため、中産階級の家庭では、この日は使用人に頼らず自分ですべての家事をし、その朝には感謝の気持ちを込めて箱に入れたプレゼントを使用人に渡すのが習わしでした。

フォスターの『ハワーズ・エンド』のなかで、ウィルコックス夫人は「使用人にはお金をあげることにしている」と説明し、マーガレットも同意しているので、物の代わりにお金を渡す家もあったようです。上流階級の大きな屋敷ではすべての使用人に休みをとらせるわけにはいかないので、代わりに使用人を対象にしたパーティーなどが開かれ、一年の労がねぎらわれました。

クリスマスの夜を楽しむ使用人たち。（The Illustrated London News Christmas Number / 1889年版）

スケート

冬に欠かせないスポーツが「スケート」です。一七世紀にオランダからスケートの滑走術《かっそうじゅつ》が伝わり、上流階級の男性のたしなみとして人気になり、一八三〇年には王族の後援でロンドンにスケートクラブが設立されました。当時のクラブは男性主体でしたが、女性も男性会員の推薦があれば入会できました。ヴィクトリア女王の夫アルバート公もスケート愛好家でした。

一八四二年、ロンドンに世界初の屋内人工リンク「アイス・フロア」がオープン。しかしこのリンクは氷ではなくソーダ・クリスタル製でした。一八七六年には念願の人工氷のスケート場ができました。こうして、ヴィクトリア朝、スケートは女性にも普及し、冬の社交の代表格となりました。スケートリンクではソリ

スケートリンクでもティータイムを楽しみました。スケートに行く際、茶器を持参する人も多かったそうです。（The Illustrated London News Christmas Number / 1893年版）

ソリに乗った女性にスケート靴の男性がお茶やお菓子をサービスしようとしています。（The Graphic Christmas Number / 1875年12月25日）

も楽しまれました。スケートで滑る紳士の横で、ソリに乗った女性が優雅に微笑む姿は、冬の風物詩になりました。

アン・フィリッパ・ピアス（一九二〇～二〇〇六）の児童文学『トムは真夜中の庭で』（一九五八年）の主人公トムは、ヴィクトリア朝に迷い込み、少女ハティに出会います。ハティは引っ込み思案の少女から社交的な大人の女性へと成長していきますが、トムは子どものままです。そして彼女が成長するにつれ、トムの姿は少しずつ見えなくなっていきます。最後に出会ったとき、ハティは大人になっていて、トムの姿はもう薄くしか見えません。幻のようなトムと、ハティがスケートで滑る川下りの場面は幻想的で、物語のハイライトとなりました。

現在でも英国では、冬になるとさまざまな場所にスケートリンクが設置されます。ロンドン市内だけでもロンドン塔、サマセットハウス、自然史博物館、ハイドパークなど複数のスケートリンクが登場し、人々の憩いの場となっています。

読書

寒さが厳しい冬の間、女性たちは暖炉

友人とともに読書を楽しむ女主人。真ん中のテーブルには紅茶が用意されています。
（“Sweet Girl Graduates” At Home / 1884年版）

を囲み、読書を楽しみました。日が落ちるのが早い冬、暖炉の炎は温かさだけでなく、灯り代わりとしても重宝されたのです。『Victoria Revealed: 500 Facts About The Queen and Her World』（二〇一二年）によると、ヴィクトリア朝によく読まれた人気小説ベストテンは以下の通りです。

①シャーロット・ブロンテ『ジェイン・エア』
②ウィリアム・メイクピース・サッカレー（一八一一～一八六三）『虚栄の市』（一八四七年）
③チャールズ・ディケンズ『ハード・タイムズ』（一八五四年）
④シャーロット・メアリー・ヤング（一八二三～一九〇一）『ひなぎくの首飾り』（一八五六年）
⑤ウィルキー・コリンズ（一八二四～一八八九）『白衣の女』（一八六〇年）
⑥ルイス・キャロル『不思議の国のアリス』
⑦ジョージ・エリオット（一八一九～一八八〇）『ミドル・マーチ』（一八七一年）
⑧トーマス・ハーディ（一八四〇～一九二八）『ダーバヴィル家のテス』（一八九一年）
⑨ロバート・ルイス・スティーヴンソン（一八五〇～一八九四）『ジキルとハイド』（一八八六年）
⑩ジョゼフ・コンラッド（一八五七～一九二四）『闇の奥』（一八九九年）

一〇人のなかに、女性作家が三人含まれているのは画期的です。しかし、うち二人は出版当初は男性名のペンネームで出版しており、ヴィクトリア朝の時代、女性が書き手側に回ることは、まだまだ困難だったことがうかがえます。

刺繍

冬の間女性が熱中していた楽しみの一つに刺繍がありました。刺繍は、古くから女性らしい趣味の一つ、女性のたしなみとして欠かせないものでした。上流階級の人々は、専門の刺繍職人を雇い入れ、女主人は侍女や召使いなどとともに自らも楽しみました。タペストリーや、クッションカバーなど、女主人の作った刺繍の室内装飾品は、富の象徴とされました。

一八世紀後半になると産業革命のおかげで、材料のウールや糸が量産され、価格低下が実現し、中産階級の女性たちの間でも刺繍が流行します。

なかでも、毛糸を用いて大きなステッチでキャンバス地を埋めるベルリン毛糸刺繍がとくに人気を集めました。この刺繍はベルリンの会社から輸入された材料一式が用いられたので、こう呼ばれるようになりました。キャンバス地、方眼紙にプリントされた図案、必要な毛糸がセットされたキットも販売され、より手軽に楽しむことができるようになりました。

人気の図案は花や草などの自然を写したもの、聖書の場面、幾何学模様など。

　イザベラは手芸が苦手でしたが、女性たちの間での刺繍人気を察し、一八六〇年に『英国婦人家庭雑誌』をリニューアルした際、手芸彩色図案を付録にするという目玉企画を打ち出し、好評となりました。

　こうして中産階級の女性たちは自分で作った刺繍を、クッションや足置き、暖炉の衝立《ついたて》などに仕立て、客間をせっせと飾りました。客人を招いてのお茶会のときには、自分の作品を見せたり、流行の刺繍デザインなどの話に花を咲かせたことでしょう。

暖炉の前で、流行のベルリン刺繍を楽しむ女主人。（1876年版）

美しいカラーの刺繍図案は雑誌の売れ行きをのばしました。（The Englishwoman's Domestic Magazine. New Series. Vol. I ／1860年版）

暖炉の火でクランペットやトーストを焼くことは日常の風景でした。火傷しないよう、トースト用のフォークは柄が長く作られました。
（The Graphic / 1876年1月8日）

ベーキングパウダーの登場はお菓子のレシピに大きな影響を及ぼしました。のちにスコーンやクランペットにも使用されました。
（Munsy's Magazine/ 1897年2月）

イザベラ流　1728番

クランペット

材料

牛乳 2パイント、
ドイツのイースト 1と1/2オンス、
塩 少々、小麦粉

作り方

温めた牛乳をボウルに入れ、イーストを加えてかき混ぜます。イーストは、質がよいドイツのものがお勧めです。小麦粉を加えて混ぜながら粘りのある生地を作ります。布でボウルを覆い、30分ほど、生地が膨らむまで温かい場所に置きます。鉄板の上に鉄のリングを置き、生地を流します。片面が焼けたら、素早くひっくり返します。トーストフォークにクランペットを刺し、焦がさないように気をつけながら、綺麗な茶色になるまで両面を焼きます。温めた皿にのせ、半分にカットし、バターを塗って素早くサーブします。

暖炉の前のティータイム

読書や刺繍の合間には、ちょっとしたティータイムを楽しみました。冬のティータイムに人気だった茶菓子は「クランペット」です。クランペットは、もちもちした食感と表面に穴が開いているパンケーキで、『ビートンの家政本』一七二八番に紹介されています。

現在英国では、「クリームティー」と呼ばれる「スコーン（乳脂肪分の高いクリームとジャムつき）とミルクティー」のセットを楽しむ習慣がありますが、『ビートンの家政本』の初版にはスコーンのレシピは掲載されていません。家政本にスコーンのレシピが初めて登場するのは一九〇六年版ですが、このときのスコーンは、オートミールと小麦粉をこねて焼いたパンに近い内容で、私たちが知っているスコーンとは違っています。

牛乳や卵を使った現在とほぼ変わらないスコーンのレシピが掲載されるのは一九二三年版からで、ヴィクトリア朝には現在のようなスコーンは供されていなかったようです。

第8章

新しい家族

新生活が始まって慌《あわただ》しくすぎた一年。
主婦としての仕事に少しずつ慣れてきた女主人たちが、
次に待ち望むのは新しい家族の誕生です。
それは、昨年以上に忙しい一年が始まることを意味するのです。

入浴

イザベラが編集した『ビートンの家政本』には、早寝早起きが絶えず推奨されています。女主人は夫よりも早起きをし、浴室や、化粧室がきちんと整っているかをまず確認します。水まわりが清潔であることは、病気の予防にもつながりました。

ヴィクトリア朝、浴室は富裕層の贅沢品でした。入浴の準備には使用人の手間がかかったため、中産階級でも週に一回程度の入浴しかしない人が大半でした。しかしイザベラは、フローレンス・ナイチンゲール（一八二〇～一九一〇）の推奨した「清潔こそが病気の対策に最も有効である」という考えにのっとり、家政本では、水またはぬるま湯での毎日の入浴を勧めています。ビートン家でも、夫のサミュエルは入浴をしてから会社に出勤していました。

浴槽にも生活美が反映されました。
（Shank's High Class / 1890年代）

朝食

使用人たちは、キッチンまわりの掃除をすませ、それから朝食の準備にとりかかります。イザベラは「一日で最初の食事である朝食は、病気やその他避けられない何かがない限り、時間通りきちんと

家族での朝食風景。朝は家族全員が顔を合わせる貴重な時間でした。
（The Graphic / 1885年3月7日）

家族全員そろって食べること」と記しています。上流の家庭では子どもは別室で食事をしていましたが、ミドル・ミドルクラス以下の家庭では、子どもの健康を管理する意味も含めて、朝の時間は両親と一緒に食卓を囲むこともあったようです。

英国では古くから朝食は重要視されていませんでした。一八世紀の初めには、裕福な人々でさえ、スパイス入りのパンと、お茶やココアやコーヒーのみ。中産階級にいたっては、一八世紀の終わり頃になってやっと、バターつきのパンとお茶がとれるようになっています。

朝食が一日のうちで最も大切な栄養源ととらえられるようになったのは、産業革命以降、英国が富んでからのことです。『ビートンの家政本』にも二一四五番に朝食のメニューが紹介されており、そのメニューの多さに驚きます。料理はビュ

イザベラ流　2145番

ブレックファストメニュー

ゆでたサバ・ホワイティング（タラ）・ニシン、干したハドックタラを焼いたものなど。マトンの肉片、ランプステーキと羊の腎臓を焼いたもの、ソーセージ、ベーコン、ベーコンと落とし卵、ハムと落とし卵、オムレツ、ゆで卵、目玉焼き、ポーチドエッグトースト、マフィン、トースト、マーマレード、バター……

ッフェ方式で配置。使用人は食事中できる限り食堂に待機し、家族をサポートしました。朝食が終わったら、使用人は速やかにテーブルの食器を片づけ、クロスに落ちた食べ滓を払い落としたあと、ダイニングルームの掃除に入るのです。

郵便事情

朝食時に開封されたのがヴィクトリア朝の唯一の連絡手段でもあった「手紙」です。ヴィクトリア朝では、郵便配達は夜明けとともに開始されるのが常でした。ヴィクトリア朝以前、英国では郵便馬車による輸送サービスが主。手紙の料金は「受取人払い」で、重さや距離で計算されました。そのため、遠方からの手紙は受け取る側の負担が大きく、一般への普及には課題がありました。

ヴィクトリア朝に入ると、鉄道の発達に伴い輸送のコストが大幅に軽減され、郵便料金の見直しが行われます。出す側が料金を負担するほうが気軽に手紙を出しやすいと、「料金前払い制度」も検討されました。このような流れのなか、一八四〇年、一ペニー切手が発行されます。これは英国初の切手というだけではなく、世界初の切手でもありました。英国が作りあげたこの新しい郵便制度は世界各国で評価され、現代まで続いています。英国は近代的郵便制度の発祥地でもあるのです。

その初の切手のデザインは、ヴィクトリア女王の肖像でした。国内どこへでも安価に手紙を出せるようになったことにより、識字率が高かった中産階級の人々は手紙に夢中になります。また一八五三年には、英国に最初の郵便ポストが設置され、全国に普及。ヴィクトリア女王が亡くなるまでに、郵便ポストが全国に三万基以上設置されていたというから驚きです。家族みんながそろった朝食時に届く手紙は、喜びの知らせ、悲しみの知らせなど、多くの情報を伝えました。

バレンタイン・デー

クリスマスカード、バースデーカードなどに続き、ヴィクトリア朝に流行したのが、バレンタインカードです。バレンタイン・デーは、古代ローマに由来する行事です。時のローマ帝国皇帝は、家族や恋人から離れたくないという理由から戦争に出たがらない若者がいることを嘆き、兵士の婚姻を禁止。司祭ヴァレンティヌスは若者たちを哀れに思い、秘密に兵士を結婚させていましたが、捕らえられ、処刑されてしまいます。この殉教《じゅんきょう》の日が二月一四日で、ヴァレンティヌス司祭は聖ヴァレンティヌスとして敬われるようになり、彼の死を悼《いた》む宗教的行事

ヴィクトリア朝の手の込んだバレンタインカードは、現在アンティーク品としても人気です。(1880年代)

バレンタイン・デーの朝はとにかく賑やか。バレンタインカードを郵便配達員から受け取ろうと、玄関に家族が詰めかけています。
（The Illustrated London News / 1863年2月14日）

として「バレンタイン・デー」が始まったのです。一四世紀頃には現在のように恋人たちの記念日として認知され、想い合う男女が手紙を交換するようになりました。

ヴィクトリア朝の英国では、バレンタインカードは、男女関係なく、大切に思う友人や親類縁者などにも贈られました。カードは基本的に「匿名《とくめい》」で書かれたため、届いたカードが誰から来たのか、異性なのか、同性なのか、冗談なのかを見極める必要がありました。

『女だけの町――クランフォード』を原作としたBBCドラマ「クランフォード」（二〇〇七年）には、新しく田舎町に来た若い医師をめぐる女性たちの恋愛が描かれています。バレンタイン・デーの日、医師は相思相愛の娘にバレンタインカードを送りました。医師へ片思いをしているオールド・ミスのもとへもバレンタインカードが届きます。それは医師の友人がふざけて送ったもので、匿名だったにもかかわらず、オールド・ミスの女性とその家族は医師からのプロポーズだと勘違いして暴走。友人の悪戯心は、医師と恋人の娘の仲を引き裂き、町中の人からの信用を失墜させるという大事に発展してしまうのです……。

破産

手紙は時として、悲しい知らせをも持ち込みました。ヴィクトリア朝は仕事の成功で立身出世をする人も多かった分、ちょっとしたきっかけで転落の人生を送る人も数多くいました。イザベラの夫サミュエルは、妻亡きあと銀行の倒産に伴って財産を失います。『女だけの町——クランフォード』のミス・マティも、投資していた銀行の倒産で財産を失ってしまいます。

　作家チャールズ・ディケンズも人生の急落を経験しています。彼の実家はとても裕福でしたが、浪費癖のある父が多額の借金を負ったため、一二歳のときに学業を諦め、親戚の靴墨工場での労働を余儀なくされました。さらに借金が膨らんだ父は、家族とともに債務《さいむ》者監獄《しゃかんごく》に収容されます。ディケンズは、親戚の家に世話になりながら工場で働いて自活。幸運にも親戚筋からわずかな遺産が入り、父は釈放され、学校にまた通えるようになりました。ディケンズはその後、出版社の社長令嬢と結婚し、安定した生活を手にします。彼の波乱に富んだ人生は小説の題材にいかされました。

　フランシス・ホジソン・バーネット（一八四九～一九二四）の小説『セーラ・クルー』（一八八八年）は、インドでダイヤモンド鉱山の事業を営む実業家の娘セーラが主人公です。彼女は英国の寄宿舎学校で特別待遇を受ける生徒でしたが、一一歳の誕生日に、父の訃報《ふほう》と破産《はさん》の知らせを受け、使用人に身を落とします。しかし父の共同経営者と出会い、父の事業は成功していたことを聞かされ、最終的には多大な遺産の相続者となります。トーマス・ハーディの『カスターブリッジの市長』（一八八六年）では、労働者階級からアッパー・ミドルクラスまでのし上がったものの、転落していく男の人生が描かれています。

　ギャンブルにはまり身を落とす者、生

手紙には悪い知らせが書いてありました。夫の不祥事でしょう。手紙を夫に差し出し、妻は部屋を立ち去ろうとしています。（The Illustrated London News / 1889年10月12日）

財産を失い、使用人の立場に落ちてしまったセーラですが、貧しい少女にパンを分けてあげるなど、慈善の心は忘れませんでした。
（Sara Crewe or What Happened at Miss Minchin's / 1888年版）

活のレベルを落とせず、借金がかさんで首がまわらなくなる者、投資に失敗する者。中産階級からの脱落は、女主人にとって、この上ない不幸な出来事でした。夫の借金を助けるために、フードで顔を覆い隠し、質屋に宝石や銀製品を売りに行く妻もあとを絶ちませんでした。イザベラの場合、夫の破産が自分の死後だったので、幸せだったといえるのかもしれません。

賭博で借金を抱えてしまい、弁護士を呼ぶことになってしまった夫婦。夫は頭を抱え、妻は放心状態です。
（Black and White / 1892年11月12日）

質屋に宝石を預けにきた女性。暗い表情は生活の不安を物語っているようです。（The Illustrated London News / 1879年4月19日）

大掃除

春に向けて取りかからなくてはいけない大仕事は大掃除でした。冬の間に降り積もった石炭や石油、ガスから出る煙や埃、汚れを全部取り去り、煙突掃除もしなければなりませんでした。カーペットもすべて剥いで床を清掃し、室内の漆喰《しっくい》や壁紙の点検もします。必要であれば、ペンキを塗り、壁紙を張り替えました。

大掃除ですから、引き出しや、戸棚、物置、天井裏、その他すみずみまでも清掃します。このような場所に蓄積するゴミは、害虫発生や病気の元になるため、気は抜けません。またこの季節はリネン類を洗い、漂白し、必要によりベッドカバーや毛布などの大物を洗うのにも適しています。外気が涼しいうちに作業をしたほうが、身体にも負担がかかりにくいからです。冬のカーテンは取り外し、春・夏用の色の明るく白いものに取り替えます。

漂白した美しいリネンは豊かさの象徴でした。洗い終えたリネンを丁寧にしまう女主人。
（The Graphic / 1890年3月22日）

毛皮やウールの衣類は、ハンガーから下ろし、埃を落とし、ブラシをかけ、ペーパーあるいはリネンでくるみ、虫食いの防止をします。

大掃除は大変な重労働でしたが、家の雰囲気を明るくし、暖かい春を待つ気持ちで心晴れやかになる作業でした。

妊娠・出産

結婚から約一年。神様が味方をすれば女主人の身体にはもう一つの命が宿っているでしょう。女性にとって妊娠・出産は大切な仕事であることは、今も昔も変わりません。ヴィクトリア朝の出産は、助産婦（男性の助産夫もいました）の手を借りながら自宅で行われました。分娩室となる部屋は、出産する妊婦だけではなく、彼女を手助けする人たちにとっても居心地のよい空間にしておく必要がありました。

一八三〇年頃になると、夫が出産に立ち会うケースも増えました。夫がそばにいることは、精神的な支えになると妻たちにも歓迎されました。ヴィクトリア女王の夫、アルバート公も出産に立ち会ったそうです。

産婆《さんば》術《じゅつ》によく通じ、手際よく対応できる助産婦《じょさんぷ》は大勢いましたが、それでも医療の遅れや不衛生な環境のため、死亡率が高かったのも事実です。上流階級、中産階級の女性の出産数は、死産も含み平均五・三人でした。

ヴィクトリア朝の人々は、軽い偏頭痛《へんずつう》や歯痛であっても、気軽に阿片《あへん》チンキを服用するほど痛みに対して敏感だったため、出産の痛みの軽減にも阿片チンキが多用されていました。

一八四七年には、世界で初めてクロロホルム麻酔を用いた無痛分娩《むつうぶんべん》も行われました。最初に無痛分娩を経験した女性は、「とても気持ちのよい眠りから目覚めた感じ」とその素晴らしさを評価しましたが、一般の国民はまだこの麻酔剤に胡散《うさん》臭《くさ》さを感じていましたし、ジャーナリストたちも、麻酔薬が犯罪目的に悪用される危険性を訴えていました。

しかし、一八五三年、ヴィクトリア女王の侍医ジョン・スノー（一八一三〜一八五八）が女王の出産の際、クロロホルムを使用したことで、英国民の不審感は一掃されました。チャールズ・ディケンズは一八三七年から一八五〇年にかけて九人の子どもを設けましたが、末の二人の出産の際にはクロロホルムによる無痛分娩を妻に勧めて、その効果を見るために分娩にも立ち会ったそうです。

一八六四年には、女性に出産理論や産婆術、母親と新生児の産後の手当てなどの教育をめざす助産婦養成女学校がロンドンに設立。このような施設は今までなく、画期的と話題になりました。こうした知識や医学の向上が、乳幼児の生存率をあげ、少なく生んでしっかり育てるという、一人の子どもにかける手間や経済的支出の増加の傾向につながっていきます。中産階級の人々は、刻々と進歩する社会の恩恵にあずかりながら、未来を担う子どもへさらなる希望を託し、大事に育てていくのです。

クリスニング・ティー

『ビートンの家政本』一八八八年版の三四七一番には、「マンスリーナース」を選ぶことが最も大切」と書かれています。

幼い子どもの臨終の場面。ヴィクトリア朝は現代に比べると乳幼児の死亡率がまだまだ高く、悲劇に見舞われる母親もあとを絶ちませんでした。
(Anxious Moment: or Hospitals and Homes / 1876年版)

赤ちゃんとのティータイム。
(The Illustrated London News / 1872年5月18日)

マンスリーナースとは、出産後の母子の世話をするために臨時で一か月程度雇う使用人のことです。出産経験のある三〇〜五〇歳ほどの女性、そして医師と連携がとれる人物が理想とされました。

ヴィクトリア朝、赤ちゃんは生後一か月ほどで洗礼命名式に臨み、その日に生まれて初めてのお茶も体験しました。これを「クリスニング・ティー」と呼びます。洗礼命名式後、クリスニングガウンと呼ばれる白いガウンを着せられた赤ちゃんは、ナースから最初の紅茶をもらいます。このときの紅茶は熱くなく、レースにくるんだ哺乳瓶にミルクかハチミツと一緒に用意されました。こうして、生後数か月で初めての紅茶体験をした赤ちゃんは、その後も哺乳瓶のなかに入れられたミルクティーを飲みながら成長していくのです。

ナースメイド

子どもの成長を見守り、ティータイムをともにしたのが子守役のナースメイドでした。ヴィクトリア朝の時代、上流になればなるほど、子どものテーブルマナー、口のきき方、身のこなし、部屋の片付けなど、しつけのすべてはナースメイドが行うものとされていました。イザベラも、家政本の中で、「比較的年収が低い中産階級の家庭であっても、ナースメイドは雇ったほうがいい」と提案しています。

教育を受ける年齢になると家庭教師を雇うか、寄宿舎学校で学ぶのが普通だったので、生まれてからずっと、両親と子どもの距離は遠いものでした。ヴィクトリア朝の人々は、実は子どもの実態を知らなかったといえます。もちろんそうした教育を疑問視する声も出てきていましたが、まだまだ伝統的な教育制度は変わりませんでした。

食事も入浴も寝かしつけるのもナースメイドの担当だったため、いかに信頼と

本を破ってしまった子どもたちがナースメイドに謝罪しているシーン。自分の非を認められるように子どもをしつけることは大切でした。（The Naughty Boy / John S. Davis / 1876年版）

夕食後のティータイムは、子どもたちと両親の貴重なふれあいの場でした。多くの家庭では、子どもとのふれあいに、1日1時間ほどの時間を当てていたようです。（An Evening at Home / 1879年版）

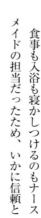

子ども用のファッションカタログにもティータイムのシーンが取り上げられています。（The Young Ladies' Journal / 1893年3月1日）

実績のあるナースメイドを雇用するかが、両親に与えられた役割でした。

ナースメイドは、子どもをかわいがるだけではなく、将来、紳士淑女になるために厳しく育てなければなりません。しかし、ナースメイドは雇い主と同じ中産階級出身ではなく、労働者階級出身が大半。自分自身が教えられたことのない上の階級のマナーや話し方を教えるという大変な任務を負います。そのうえ、子ども部屋では絶対的な権力を持っているにもかかわらず、ナースメイドは子どもたちよりも階級が下で、子どもたち自身もそのことをわかっていたために難しい関係もできあがりました。

『ビートンの家政本』の中でイザベラは、ナースメイドの資質について「ナースには忍耐と優しい気性が不可欠で、誠実さ、お行儀のよさ、ほどほどの清潔さ、大人しさ、従順さもまた重要です」と述べています。また、アイロンかけや散髪、針仕事もできれば理想的だとされました。

アッパー・ミドルクラスの家庭では子どもの人数に比例してアシスタントのナースが置かれました。アシスタントナースは、掃除や、ベッドメイク、排泄物の処理、子どもの食事の準備、片付け、着替えや、洗濯などを担当しました。ナースメイドが一人しかいない小さな家庭では、ナースメイドが家庭内の家事まで分担することもよくあり、その場合女主人は子どもの世話と家事をバランスよく担当させるため、ナースメイドをよく観察して指示を出す必要がありました。

ナーサリールーム

子どもたちはナーサリールームと呼ばれる「子ども部屋」で一日をすごしました。ナーサリーという言葉は、現在、保育所、植木の苗を育てる農家のことをさしますが、英語の古い使い方では子ども部屋を意味します。イザベラはナーサリールームについて「子どもは大人より環境による影響を受けやすいので、新鮮な空気、適切な温度管理が必要です。清潔な部屋、衣服、寝具もいるでしょう」と書いています。大人とは異なる体質を持つ子どもを健康に育成するための部屋、それがナーサリールームでしょう。ヴィクトリア女王もワイト島のオズボーンハウスにナーサリールームを設けました。現在その三部屋が観光客に公開されています。

子ども部屋でのティータイムをナーサ

リーティーと呼びます。時にはおままごともナーサリーティーと呼んだようです。推理小説家のアガサ・クリスティ（一八九〇～一九七六）は少女時代、「アガサのお茶会よ」と言って、おままごとをしたそうです。そんなナーサリーティーの定番のお茶請けは「バターつきのパン」でした。『不思議の国のアリス』で、アリスが森の中のお茶会でお茶と一緒に食べようとしたのもバターつきパンです。

ナーサリールームで5人の子どもたちを世話するナースメイド。なかなかの重労働です。（Home Book / 1880年版）

玩具の茶道具

子どもたちはどんな茶道具でティータイムを楽しんでいたのでしょう。ヴィクトリア朝には、ナーサリールーム用の家具、壁紙まで販売されていました。もちろん、ティーセットも生産されました。ティーセットは子どもの手の大きさに合わせて（あるいは子どもの年齢に合わせて）数種類用意されました。格言が入ったものや、子どもに愛されている童話や絵本のワンシーンが描かれたものも多くありました。

子ども用のティーセットをプレゼントされ、はしゃぐ姉弟。もちろん陶磁器で作られています。（The Great Atlantic & Pacific Tea Company / 1880年代）

子どもたちは、人形遊びやドールハウスを使っての遊びのなかでもティータイムを楽しみました。ヴィクトリア朝の教育者は、女性は生まれつき母性愛を備えていると考え、女の子の人形遊びを強く推奨《すいしょう》しました。人形はもともと呪術的《じゅじゅってき》な役割を持っていましたが、ヴィクトリア朝では、少女のための教育玩具としての役割を与えられるようになり、その姿形も、大人だけでなく、子どもや赤ちゃんの姿でも作られるようになりました。

子どものティーパーティー

おままごとのなかでティータイムを経験した子どもたちは、誕生日など特別な機会に、子ども同士のティーパーティーを開催しました。招待状を出し、メニューを決め、テーブルクロスにアイロンをかけ、銀器を磨き、ティーフードを作り、紅茶を淹れるのも子どもたちが行いました。もちろん指導役はナースメイドです。

このようなティーパーティーでは両親は子どもの晴れ姿を遠巻きに観察し、その出来映えでナースメイドの評価を行ったそうです。

精巧に作られたドールハウスは子どもたちの情操教育に欠かせない玩具でした。（Hinde's London Sample Room, la, City-Road, Finsbury, London, E. C / 1888年11月17日）

COMPLIMENTS
OF THE UNION PACIFIC TEA CO.

紅茶会社のトレーディングカード。子どもたちのティーパーティーが描かれています。手前の少女は人形にもお茶を勧めています。（The Union Pacific Tea Company / 1890年代）

情操教育を受けた子どもたちのティータイム。表情にどこか大人っぽさを感じるのは教育のおかげでしょうか。（Prince Politely Allows Puss to Precede Him in Refreshments at our Afternoon Tea / 1896年版）

祖母の記念日に孫娘がピアノ演奏をプレゼントしています。孫の教育の成果を知ることは、祖母にとっても喜びでした。（La Famille / 1885年1月25日）

大衆広告で人気だった紅茶会社「マザワッテ」の広告。祖父と孫娘の仲睦まじいティータイムです。
（The Country Press, Bradford / 1898年版）

当時は『ビートンの家政本』以外にもたくさんの家政本が出版されていました。『私に聞いて』の挿絵には、娘らしき若い女性に、料理の仕方を教える女主人が描かれています。（Consult Me / 1883年版）

ある程度成長した子どもたちは、時には大人と一緒にティータイムを楽しむこともありました。いきなり客人と一緒にして粗相があってはいけないので、まずは遊びに来る祖父母などとともにお茶の時間を共有しました。両親とともにピクニックに連れて行ってもらっている子どもがいたら、その子は世間に披露できる行儀を身につけている、ということを意味しました。

母としての義務

イザベラは家政本で「一家の女主人の役割は、世間で考えられているより、ずっと重要なもので、社会的にも認められるべきである」と述べています。その姿は未来を担う子どもたちにも大きな影響を与えます。娘がいたら、娘はすべての事柄を母親の考えや態度を基準にして判断するようになるでしょう。女主人は自分自身の責任に留意し、見苦しい態度をとったり、汚い言葉を口にしたりしてはいけませんし、自分の知っている家事にまつわるすべてを娘に伝える義務があります。

イザベラは訴えます。若い人たちは外に刺激を求めがちです。彼らに、家庭のなかにこそ、健全な娯楽や安らぎ、幸福があることを伝えなくてはいけません。とくに自分の子どもたちには「世界で一

夜の対面の時間では、母親が子どものために読み聞かせをする家庭も多かったそうです。（A Thrilling Story / The Graphic Christmas Number / 1879年版）

番楽しいところは家庭」だということを認識させましょう、子どもたちが家庭をそのように思う心こそ、親が子どもに与えられる最良の贈り物の一つです、と。

夕食後の時間は、心が解放され、穏やかにすごすことができる時間。年若い姉妹や、子どもたちが一緒だったら、女主人は夜が楽しくなる面白く愉快な遊びを提案することも大切です。チェスやボードゲームをしたり、彼らが興味を持ちそうな文学作品を朗読したりすることも楽しいことだとイザベラは述べています。

イザベラは四人の子どもを出産しましたが、不幸なことに一人目は数か月で病死、二人目は猩紅熱《しょうこうねつ》により三歳で死亡、三男とは一歳数か月でイザベラ自身の病死で離別、四男にいたっては、その子を手に抱くことさえかないませんでした。母としてのイザベラは人に何かを伝えられるほどの経験はできませんでしたが、二〇人の兄弟姉妹をもち、年下の弟妹の面倒をみることで、子育てに近い経験を積み、家庭の大切さを実感していたにちがいありません。

『ビートンの家政本』に頼る必要のない、快適な家庭生活を送れるかどうかは母親にかかっている、女性よ、がんばれと、イザベラは本を編集しながら大きなエールを送っていたのかもしれません。

裁縫をする母親のそばでくつろぐ子どもたち。『ビートンの家政本』でも、夕食後の親子のふれあいが推奨されました。
(The Illustrated London News / 1880年3月15日)

女主人の成長

一年がまたたく間にすぎ、気づけば結婚記念日。三段仕様で作られたヴィクトリア朝のウェディングケーキは、一番下の大きな段は式に参列した来賓たちへ。二段目は式に参加してもらえなかったけれどお祝いをいただいた方への内祝いに。そして三段目は、結婚一周年の記念日または、はじめての子どもの誕生を祝すものでした。彼女たちはどんな思いでそのケーキを口にしたのでしょう。

家政本を片手に、なれない主婦業に四苦八苦した新米の女主人たち。イザベラ本人も自らが家政本で説いている品行方正な理想の女主人像と、家事や出版の仕事に四苦八苦している現実の自分とのギ

家族の笑顔があふれるティータイム。その中心にいるのは女主人です。（1885年版）

ヤップに心を悩ませることが多々あったようです。しかし、一年の生活を通し、彼女たちはさまざまな経験を経て成長したはずです。形式を気にしてはじめた「おもてなし」や「社交」も、少しずつ心を込めた自分らしいものにアレンジできるようになったことでしょう。このように「家庭の天使」と称されたヴィクトリア朝の女主人の姿には、ただ優美に微笑んでいるだけではない、たくましさにあふれた一面がありました。

イザベラは、ワシントン・アーヴィング（一七八三〜一八五九）の言葉を引いて、多くの主婦を励まします。「真実のおもてなしには、心から発せられる何かがあります。それが何であるかを言葉で説明することは難しいのですが、その心は誰にでも感じられるもので、人をほっとした気持ちにさせるのです」

ヴィクトリア朝の人と人とのつながりは、小さな「家庭」という単位からゆっくりと紡《つむ》がれていきました。インターネットを介し、人と簡単に出会うことができるようになった今でも、我が家を「ハウス」とは呼ばず「ホーム」と呼ぶ英国人に、ヴィクトリア朝の美徳が受け継がれていると感じます。イザベラが説いた家庭の大切さは不変のものなのです。

Special Column

I 『ビートンの家政本』とは

本書『図説 ヴィクトリア朝の暮らし：ビートン夫人に学ぶ英国流ライフスタイル』を上梓《じょうし》して四年が経ちました。二〇一八年には『図説 英国の住宅』の執筆の機会にも恵まれ、ヴィクトリア朝の暮らし全般にますます興味関心が湧いてきている私たちです。今年、東京オリンピックを迎える日本では、四年前と変わらず「おもてなし」が時代のキャッチ・コピーになっています。しかし、過剰なもてなしを提供しようと多くの労働者が負担を強いられたり、気持ちの伴わない儀礼的なもてなしに疑問を感じる人も増えたり……イザベラ・ビートンの理想とする「真実のもてなしは、誰にでも自然に感じられ、人をほっとした気持ちにさせる」からは、遠のいているような気もします。

ヴィクトリア朝のインテリアは今も憧れる人が多い。ヴィクトリア朝の住宅そのものについては拙著『図説 英国の住宅』をご覧ください。

そんな時代に『ビートンの家政本』とは何なのかを改めて考えてみました。一〇〇〇ページにものぼるこの家政本に綴られているのは、ヴィクトリア朝の中産階級の完璧《かんぺき》な暮らしの指標。そこに示される主婦像は「完璧」な人物です。編者であるイザベラ・ビートンでさえ、家政本で示される生活と自身の生活とのギャップに苦悩していました。

家政本に描かれるような完璧な主婦はいるのか、すべては偶像ではないか。そんな家政本の弱点を補ったのが、イザベラの死だったのではないでしょうか。二八歳というヴィクトリア朝の中産階級の平均年齢よりずっと早い死により、イザベラは伝説的なカリスマ主婦に持ち上げられ、死してなお、『ビートンの家政本』の売り上げに貢献したのです。

現代においても主婦が暮らしの指標として買い求める「収納」「インテリア」「断《だん》捨離《しゃり》」「レシピ」「テーブルコーディネート」「エチケット」などの実用本は、あくまでも「こうできたら、完璧ですよ」という、理想を提示した内容がほとんどです。すべては真似できないけれど「この部分は頑張ってみよう」「ここの部分は我が家にも適応できる」。家庭に対する人びとの理想が消えない限り、イザベラの残した『ビートンの家政本』への興味関心は尽きないのかもしれません。

Special Column

Ⅱ

ヴィクトリア&アルバートミュージアムで楽しむ『ビートンの家政本』

ヴィクトリア&アルバートミュージアムの『ビートンの家政本』コーナー。朝食用の食器一覧が展示されています。

お茶用のケトルなど生活に必要な品が展示されています。

ディナー用のテーブルセッティング。食器はすべて当時のもので揃えられています。

本書九〇頁で紹介している「ヴィクトリア&アルバートミュージアム」の二階にある、英国の一九世紀の暮らしを紹介する展示の一角に『ビートンの家政本』を再現したコーナーが設置されています。そこには四〇頁で紹介している図版「朝食用の食器」の実物が展示されています。食器はすべて一九世紀のもの。ひとつひとつの食器には、番号が振られており、それがどのような用途で使われていたのか細かい注釈が別紙にまとめられていますので、興味のある方は照らし合わせてじっくり学んでみるのもおすすめです。

隣には、家政本に登場する理想のディナーテーブルのセッティングが展示されています。流行の花器、花のアレンジ、ルールに従った食器の並べ方。こちらも一九世紀の食器を使っての再現になっています。

ヴィクトリア朝のウェディングドレスと喪服。

また一階のファッションの歴史を紹介するコーナーでは、イザベラ・ビートンが生きた時代の女性たちのドレスの実物を見ることもできます。女性たちが身につけた靴やバッグ、扇、帽子など小物も豊富に展示されていますので、ぜひ足を運んで下さい。

そして「ヴィクトリア&アルバートミュージアム」の分館、世界最大の子どもをテーマにした博物館「ヴィクトリア&アルバート子どもミュージアム」もヴィクトリア朝を知るうえでは訪れるべきスポットでしょう。子どもミュージアムには、一九世紀の中産階級の子どもたちが実際に遊んだドールハウスや、人形など、当時のおもちゃが陳列されていますので、時代の理解が深まります。本館からは少し距離がありますが、行く価値がある博物館です。

またヴィクトリア朝の医療に興味関心がある方は、「ヴィクトリア&アルバートミュージアム」の隣に位置する「サイエンス・ミュージアム」もおすすめです。こちらは、ロンドンにある国立科学産業博物館に属する科学博物館。天文学、気象学、生化学、電磁気学、航海学、航空学、写真術などが多岐にわたり展示されています。

読者の方へのおすすめは、四階の治療技術の進化の解説展示です。古代エジプトから現代までさまざまな時代の医学の治療技術がわかりやすく、ジオラマで展示されています。中産階級の女性の出産を再現したジオラマからは当時の家庭の息吹が聞こえてくるようです。こちらの博物館でヴィクトリア朝の流行病や治療方法、薬など家庭の医学に関する資料に触れることで、医療の側面から『ビートンの家政本』への理解を深めるのはいかがでしょう。

本書の九一頁で紹介している「大英博物館」「ナショナル・ギャラリー」「ナショナル・ギャラリー・オブ・ブリティッシュアート」「ロンドン動物園」「ロンドン水族館」も、もちろんまだ健在。当時の人びとが夢中になった展示品を目にすることで、時代への理解度も進むのではないでしょうか。

子ども博物館に展示されているドールハウス。

ドールハウスの一室。客人は帽子を被ったままで、当時のエチケットも再現されています。

ヴィクトリア朝の出産シーン。出産は家庭で行われました。

Special Column

Ⅲ

ヴィクトリア朝の街並みを再現した屋内展示

英国には、ヴィクトリア朝の街並みを再現した屋内博物館が複数あります。なかでも規模が大きく、メジャーな場所をご紹介しましょう。

ひとつはロンドンのシティにある「ロンドン博物館」です。こちらは、古代から現在に至るまでのロンドンの歴史をジオラマや展示物で紹介している、世界で五指に入る巨大な市立博物館です。

本書の読者にとくにおすすめしたいのは、ヴィクトリア朝の街並みを再現した「ヴィクトリアン・ウォーク」という展示です。一九世紀の街並みをそのまま再現したこちらの小道には、数々のショップが再現されています。街の入り口には「玩具屋」が。ショーウィンドウには、ナーサリールームで使用したであろう、おままごと用のティーセットが陳列されており、思わず駆け寄ってしまいます。

煙草屋、薬屋、文具店、床屋、テイラー、ガラス製品を扱う店、紅茶やコーヒーを保管していた倉庫など。そして本文でも紹介した質屋も存在します。質屋の店先には、ティーセットやシルバーのカトラリーなどが美しくディスプレーされており、一瞬、食器屋さん?! と勘違いしてしまいそうなのですが、日用品を質

ロンドン博物館の「ヴィクトリアン・ウォーク」入り口の玩具屋。

子ども用の茶器が並んでいます。もちろん陶磁器製です。

に入れなくてはいけないほど、困窮《こんきゅう》する人もいたこと、ヴィクトリア朝の中産階級の人びととの金銭状況の浮き沈みの激しさも改めて感じました。

こちらの街並みでは、ショーウィンドウ、そして店内に陳列されている商品はすべて、当時のアンティーク品で揃えられています。本物の持つ力は素晴らしい。

「ヨーク・キャッスル博物館」に再現されたヴィクトリア朝の街並み。

今よりずっと職人の手仕事が入った素晴らしい品々、素材の重厚感、繊細さ……店をのぞき込んでいるだけでヴィクトリア朝のショップで買い物をしている気分に浸れます。

街角には公衆トイレの再現までされ、街の薄暗さも当時流、ぜひタイムトリップ気分で展示を楽しんでください。

似たコンセプトの博物館でもうひとつおすすめしたいのが、北イングランドにある「ヨーク・キャッスル博物館」です。こちらも大規模にヴィクトリア朝の街並みを再現。光の演出もバッチリで、時間の経過とともに、夜が来て、真っ暗になり……また日が昇り……とヴィクトリア朝の暮らしを光でも体感できるようになっています。街には当時のヨークで栄えたチョコレートショップ、金物屋、テイラー、食器屋、蠟燭屋など、たくさんの店、また、市民の生活を支えていた消防署や警察、学校の教室など公共機関の再現も行われています。通りには当時使われていた馬車も。ハンサム・キャブと呼ばれたこちらの馬車は、ヨーク出身の建築家の名前に由来しているとか。ハンサム・キャブは、シャーロック・ホームズのドラマなどにも頻繁に出てくるので、実物が見られるのは嬉しいですね。

ハンサム・キャブはホームズファンには必見。

食料雑貨店のショーウィンドウ。リプトン社の広告が目にとまります。

Special Column
Ⅳ

ヴィクトリア朝の村を再現した野外テーマパーク

「ブリスツ・ヒル・ヴィクトリアン・タウン」に再現された炭鉱。

日用品店で買い物をするキャスト。私たちも購入が可能です。

英国には、さまざまな時代を再現した野外博物館も多く存在します。なかでも、読者におすすめしたいのが、「ブリスツ・ヒル・ヴィクトリアン・タウン」です。こちらは、ヴィクトリア朝に存在した「コールブルックデイル」の街並みを忠実に再現した、アイアンブリッジ峡谷にある屋外博物館です。

ヴィクトリア朝当時、この地域の産業であったレンガやタイル工場、溶鉱炉、鋳造所や鉱坑などは、当時のまま残されています。

町に入っていくと、銀行、食料雑貨店、薬屋、パン屋、菓子屋、肉屋、蠟燭屋、パブ、写真屋、町医者、学校など、生活に必要なさまざまな店舗が建ち並んでいます。入り口で町の地図をもらえるので、当時の人の気分になり、店舗での買い物や一般住宅の訪問をすることができる体験型の博物館です。

働いている人、町で暮らしている住民役の人は、ヴィクトリア朝の衣装に身を

労働者階級の住宅。階級による人びとの生活が比較でき、とても興味深いです。

一般住宅のインテリア。ロウアー・ミドル・クラスの家庭の設定です。

包み、キャストとして立ち振る舞っています。英語も当時流に、会話ももちろん当時の時代を考慮して。彼らは実際に自宅やパブで飲食をしたりもする凝った演出になっています。キャストにはこちらから話しかけることも可能ですし、向こうから話しかけてくれることも。

　こちらの町を楽しむためには、まず入り口付近にある銀行で現在の通貨を昔のお金に換金してもらう必要があります。両替したコインで、町の中で買い物も楽しむことができるというシステムです。

　薬屋では昔ながらの石鹸や香水、ハーブを使ったサシェなど。食料雑貨店ではクリスマスプディングなど、英国特有のお菓子を購入することもできます。服飾店では、実際にキャストの人がその場で縫っているハンカチやレースの帽子など、小物の購入も可能。印刷屋では、当時の方法で印刷した新聞や広告を購入することも。パン屋では焼きたてのフルーツパンも食べられますし、パブでは当時の雰囲気でエールを楽しむこともできますので、ぜひランチも兼ねて足を運んでみてはどうでしょうか。

　規模だけでいえば「ブリスツ・ヒル・ヴィクトリアン・タウン」の数倍はある「ビーミッシュ・ミュージアム」もおすすめの屋外博物館です。ダラムからバスで向かうこちらの博物館は、ヴィクトリア朝のみに特化したブリスツ・ヒルとは異なり、一八二〇〜一九四〇年代まで、幅広い時代を取り上げています。

　ジョージアン時代の農村から始まり、ヴィクトリア朝の町、そして二〇世紀の町まで、キャストの服装や、交通手段もどんどん変わり、時代の変化が肌で感じられるのも嬉しいところ。最初は交通手段が歩きか馬車のみなのですが、時代を経ていくと、汽車や車なども登場。一般住宅の訪問を楽しむなかでは、農村の労働者の家、町中の中産階級の家の調度品の格差も上手に表現されています。

　町には菓子屋、パン屋、グロサリー（紅茶やコーヒーの扱いも）、銀行、用品店、金物屋など商店が並んでおり、もちろん買い物も可能。郊外はさびれた雰囲気に作りあげられていますが、町に行くとキャストの人数も増えるので、会話や写真撮影もより楽しいはずです。

あとがき

私たちの運営する紅茶教室では「美味しい紅茶」を、さまざまな要素から成り立つ「総合芸術」として解釈しています。茶葉の品質を見抜く力、正しい淹れ方の知識、いただくお菓子や食器へのこだわり、心が弾む会話、くつろげるインテリア、英国の文化や歴史についての教養。それらはすべて「家庭」から育まれてきたもので、ヴィクトリア朝に大成しています。

そんなヴィクトリア朝の紅茶生活に欠かせない存在が家政本でした。「ヴィクトリア朝の女性の生活をテーマに一冊を」と編集者の村松恭子さんにお声かけいただいたとき、ヴィクトリア朝のベストセラー『ビートンの家政本』を軸にしてみようと、本書の執筆企画がスタートしました。自由な執筆を快諾してくれた村松さん、編集にかかわってくださった文筆・翻訳家の奥田実紀さんには感謝の気持ちで一杯です。

家庭の切り盛りや、おもてなしに使用人の力を必須としたヴィクトリア朝と異なり、現代の私たちの生活に、使用人はいません。私たちには使用人に変わる有能な電化製品、発達した交通網、電話、インターネットという連絡・情報入手の手段、深夜まで営業している店舗など、当時は想像すらできないような便利な環境があるからです。インターネットを介しての出逢いが増え、かつ家に人を招かなくても、レストランやカフェで時間の共有が可能になっている現在、何度も顔を合わせている相手であっても「住所を知らない」「互いの家族を知らない」ことは、さほど驚くことでもなくなっています。自宅を身内だけの閉鎖的な空間とし、他者を招き入れることを避ける家庭も珍しくはありません。それは時代の風潮なのかもしれませんが、人付き合いの難しさや、教養の大切さ、次世代を次ぐ子どもたちへの思いなどは、何十年たとうとも変わらない大事なテーマであり、ヴィクトリア朝の暮らしを振り返ることは、私たちの生活のなかで、疎《おろそ》かにしてしまっていることを思い出すきっかけになるような気がします。そしてそれが、今後の自分の生き方や、家庭の築き方に少なからずよい影響をもたらすのではないでしょうか。

二一世紀、世界に誇る日本の文化が「おもてなし」であるとするならば、それはまずは「家庭」を基礎に育まれ、家族に、そして身近な知人へ、さらには他者へと順に発信されるものだと私たちは考えます。その心を自宅サロンを通して、今後も発信していこうと思っています。辞書のように分厚い『ビートンの家政本』の翻訳に協力してくれた在校生の安達さん、飯島さん、田中さん。そして通常のレッスンと並行して本書の執筆をチームワークで支えてくれた教室のスタッフとは、家政本が説いたおもてなしの心の大切さを共感しあえた数か月でした。本書を手にしてくださった読者の皆様にも、ヴィクトリア朝の人々の美徳が少しでも伝わればこのうえない喜びです。

Cha Tea 紅茶教室代表　立川碧

参考文献

『嵐が丘』上・下 エミリー・ブロンテ 阿部知二訳 岩波文庫 1960. 7
『ジェーン・エア』シャーロット・ブロンテ 大久保康雄訳 新潮文庫 1953. 2〜1954. 1
『クリスマス・ブックス』チャールズ・ディケンズ 小池滋・村松昌家訳 ちくま文庫 1991. 12
『ディケンズ短篇集』小池滋・石塚裕子訳 岩波文庫 1986. 4
『オリバー・ツイスト』上・下 チャールズ・ディケンズ 中村能三訳 新潮文庫 1955. 5
『大いなる遺産』上・下 チャールズ・ディケンズ 山西英一訳 新潮文庫 1951. 11
『二都物語』チャールズ・ディケンズ 中野好夫訳 新潮文庫 1967. 1
『デイヴィッド・コパフィールド 1〜4』チャールズ・ディケンズ 中野好夫訳 新潮文庫 1967. 2〜4
『眺めのいい部屋』E.M. フォースター 西崎憲・中島朋子訳 ちくま文庫 2001. 9
『女だけの町――クランフォード』ギャスケル 小池滋訳 岩波文庫 1986. 8
『サロメ・ウィンダミア卿夫人の扇』オスカー・ワイルド 西村孝二訳 新潮文庫 1953. 4
『理想の結婚』オスカー・ワイルド 厨川圭子訳 角川文庫 1954. 12
『ハワーズ・エンド』E.M. フォースター 吉田健一訳 河出書房新書 2008. 5
『階級にとりつかれた人びと――英国ミドル・クラスの生活と意見』新井潤美 中公新書 2001. 5
『召使いたちの大英帝国』小林章夫 洋泉社 2005. 7
『ヴィクトリア朝の小説――女性と結婚』内田能嗣 英宝社 1999. 9
『ブロンテと芸術――実生活の視点から』宇田和子、小野ゆき子、田中淑子、佐藤郁子 大阪教育図書 2010. 10
『イギリス下層中産階級の社会史』ジェフリー・クロシック 島浩二訳 法律文化社 1990. 9
『ヴィクトリア朝の性と結婚――性をめぐる26の神話』度会好一 中公新書 1997. 4
『愛のヴィクトリアン・ジュエリー――華麗なる英国のライフスタイル』穐葉昭江、ダイアナ・スカリスブリック、ハロルド・ブラウン、ダイアン・クライス、和仁りか 平凡社 2010. 2
『十九世紀イギリスの日常生活』クリスティン・ヒューズ 植松靖夫訳 松柏社 1999. 11
『英国ヴィクトリア朝のキッチン』ジェニファー・デイヴィーズ 白井義昭訳 彩流社 1998. 7
『英国メイドの世界』久我真樹 講談社 2010. 11
『シャーロック・ホームズと見るヴィクトリア朝英国の食卓と生活』関矢悦子 原書房 2014. 3
『〈食〉で読むイギリス小説――欲望の変容』安達まみ、中川僚子 ミネルヴァ書房 2004. 6
『〈インテリア〉で読むイギリス小説――室内空間の変容』久守和子、中川僚子 ミネルヴァ書房 2003. 5
『〈衣裳〉で読むイギリス小説――装いの変容』久守和子、窪田憲子 ミネルヴァ書房 2004. 6
『万国博覧会の研究』吉田光邦 思文閣出版 1986. 2
『ヴィクトリア時代の室内装飾――女性たちのユートピア』吉村典子、川端有子、村上リコ LIXIL出版 2013. 8
『世界の食文化〈17〉イギリス』川北稔 農文協 2006. 7
『イギリス紅茶事典――文学にみる食文化』三谷康之 日外アソシエーツ 2002. 5
『イギリス文化 55のキーワード』木下卓、窪田憲子、久守和子 ミネルヴァ書房 2009. 6
『イギリス祭事カレンダー』宮北恵子、平林美都子 彩流社 2006. 9
『イギリス祭事・民俗事典』チャールズ・カイトリー、澁谷勉訳 大修館書店 1992. 10
『イギリスの住まいとガーデン――暮らしを楽しむエッセンス』川井俊弘 TOTO出版 2003. 12
『図説 英国レディの世界』岩田託子、川端有子 河出書房新社 2011. 2
『図説 英国インテリアの歴史』小野まり 河出書房新社 2013. 11
『図説 ヴィクトリア朝百貨事典』谷田博幸 河出書房新社 2001. 9
『図説 英国ティーカップの歴史――紅茶でよみとくイギリス史』ChaTea紅茶教室 河出書房新社 2012. 5
『図説 英国紅茶の歴史』ChaTea紅茶教室 河出書房新社 2014. 5
『図説「ジェイン・エア」と「嵐が丘」ブロンテ姉妹の世界』河野多恵子、中岡洋、小野寺健、高山宏、植松みどり、芦澤久江、杉村藍 河出書房新社 1996. 4

『The Beeton Story』Nancy Spain, Littlehampton Book Services Ltd., 1956.
『Isabella and Sam The Story of Mrs. Beeton』Sarah Freeman, Littlehampton Book Services Ltd., 1977. 8
『The Short Life and Long Times of Mrs. Beeton』Kathryn Hughes, Anchor, 2005.
『Beeton's Book of Household Management』Mrs.Isabella Beetons S.O. Beeton 248 Strand London.W.C, 1861.
『Beeton's Book of Household Management』Isabella Beeton, Ward Lock, 1869.
『Beeton's Book of Household Management』Isabella Beeton, Ward Lock, 1880.
『Mrs. Beeton's Book of Household Management』Isabella Beeton, Ward Lock, 1888.
『Mrs. Beeton's Book of Household Management』Isabella Beeton, Ward Lock, 1893.
『Mrs. Beeton's Book of Household Management』Isabella Beeton, Ward Lock, 1906.
『Mrs. Beeton's Book of Household Management』Isabella Beeton, Ward Lock, 1915.
『Mrs. Beeton's Book of Household Management』Oxford World's Classics Nicola Humble,Oxford University Press Inc., 2000.
『A Picnic With Mrs Beeton: Outdoor Feasts』Ward Lock Ltd., 1991.
『A Gift From Mrs Beeton: Edible Delights』Ward Lock Ltd., 1991.
『Breakfast With Mrs Beeton: Hearty Fare』Ward Lock Ltd., 1990.
『Breakfast With Mrs Beeton: Teatime Treats』Ward Lock Ltd., 1990.
『Mrs. Beeton Traditional Housekeeping Today』1991. 4
『Mrs. Beeton Traditional Housekeeping Today』1992. 4
『The Englishwoman's Domestic Magazine. Vol. I』1852.
『The Englishwoman's Domestic Magazine. Vol. Ⅲ』1854.
『The Englishwoman's Domestic Magazine.Vol. New Series. Vol. I 』S.O. Beeton 248 Strand. W. C, 1860.
『The Englishwoman's Domestic Magazine.Vol. New Series. Vol.Ⅷ』S. O. Beeton 248 Strand. W. C, 1864.
『The Englishwoman's Domestic Magazine. Vol. New Series. Vol.X』Ward Lock & Tyler, Warwick House, Paternoster Row, 1871.
『Consult Me』William Nicholson and Sons, 1883.
『Home Book』Ward Lock, 1880.
『Cassell's Dictionary of Cookery』Cassell, Perrer & Galpin & Co., 1909.
『Cassell's Shilling Cookery』A.G. Payne Cassell and Company Limited, 1923.
『Victoria Revealed: 500 Facts About The Queen and Her World』Sarah Kilby, Historic Royal Palaces, 2012.
『Victorian House Style Handbook』Linda Osband, David & Charles, 2007. 8
『Sara Crewe or What Happened at Miss Minchin's』Frances Hodgson Burnett, New York Charles Scribner's Sons, 1888.
『A Social History of Tea』Jane Pettigrew & Bruce Richardson, Benjamin-press, 2001.
『Five O'Clock Tea』W. D. Howells, Harper and Brothers, 1894.

1863	ロンドンに下水道が敷設される。
	世界初の地下鉄開業。
	ロンドンに助産婦養成学校設立。
	ロンドン服地店として「ホワイトリーズ」創業。
	エドワード皇太子、デンマーク王女アレクサンドラと結婚。
1865	ルイス・キャロル『不思議の国のアリス』刊行。
1866	駅のプラットフォームでの紅茶の販売が始まる。
	セイロンのキャンディ近郊で紅茶園の開拓が開始。
	英国とアメリカをつなぐ大西洋横断電信が実用化する。
1867	テムズ川大下水道完成。
	土曜半日休暇制度が定められ、週休二日制が実現する。
1869	スエズ運河が開通。
	「ブルックボンド」社創業。ブレンドした個包装茶を発売。
1870	初等教育法制定。イングランドとウェールズの5歳〜12歳のすべての子どもの教育を義務化。
1871	「リプトン」社創業。
	労働組合法が制定され、ストライキ権（争議行為）も認められるようになる。
	バンクス・ホリデイ（銀行休暇法）制定。イースター、クリスマスなどの国民の休日が成立する。
	「ロイヤル・アルバート・ホール」開館。
	ジョージ・エリオット『ミドル・マーチ』刊行。
1872	使用人組合結成。
1873	大不況。英国経済は1873年から最大で1896年までの連続的な不況が続く。
	セイロン茶がロンドンのティーオークションに上場される。
	電気式4輪トラックが実用化される。
	ボーフォート公爵の私邸でのパーティーの余興でバドミントンが行われる。
1875	スエズ運河の支配権を取得。
	砂糖税の撤廃。
	商標登録法が制定。
	「リバティ」創業。
	結婚可能年齢、法律で13歳と定められる。
1876	人工氷のスケート場オープン。
1877	イギリス領インド帝国の成立。
1879	電話交換局開設。
1880	サイクリングブーム始まる。
1881	大英博物館の分館として「自然史博物館」がサウス・ケンジントンに設立。
1883	「ハロッズ」が火災をきっかけに新店舗を作り、大型百貨店となる。
1884	選挙権が農業労働者や鉱山労働者に拡大。
	ロンドンに「ABC」のティールームがオープン。
	ロンドンで国際保健博覧会開催。コルセットの使用について話し合われた。
1886	ロバート・ルイス・スティーヴンソン『ジキルとハイド』刊行。
	トーマス・ハーディ『カスターブリッジの市長』刊行。
1887	ヴィクトリア女王即位50周年記念式典「ゴールデン・ジュビリー」開催。
	アーサー・コナン・ドイル『シャーロック・ホームズ』シリーズ開始。
1888	切り裂きジャック事件が起こる。
	オスカー・ワイルド『幸福な王子』刊行。
	フランシス・ホジソン・バーネット『セーラ・クルー』刊行。
1890	ハイティーが普及する。
1891	トーマス・ハーディ『ダーバヴィル家のテス』刊行。
1894	「ライオンズ」社創業、ティールーム運営で名を挙げる。
1895	オスカー・ワイルド『理想の結婚』初演。
	オスカー・ワイルド『まじめが肝心』初演。
1897	ヴィクトリア女王即位60周年記念式典「ダイヤモンド・ジュビリー」開催。
1899	ジョゼフ・コンラッド『闇の奥』刊行。
1901	ヴィクトリア女王逝去。
	オーストラリア独立。

ヴィクトリア朝の暮らしにまつわる年表

1837	ヴィクトリア女王即位。
1838	労働者階級が普通選挙制度を要求するチャーチスト運動を始める。
	インド・アッサム産の茶の本格栽培が進む。
1839	16歳以下の子どもにはビール以外のアルコールを禁じる法律が成立。
1840	ヴィクトリア女王結婚。
	阿片戦争開始。
	上流階級でアフタヌーンティーの習慣が始まる。
	1ペニー郵便制度が始まる。
	「セミ・デタッチド・ハウス」が流行する。
1841	ウィンザー城にクリスマスツリーが飾られる。
1842	阿片戦争が終わり、南京条約締結。これにより香港割譲(1997年返還)。
	ヴィクトリア女王夫妻が特別列車で、ウィンザーからロンドンのパディンドン駅まで25分間乗車。
	ソーダ・クリスタルを使った世界初の屋内人工リンク「アイス・フロア」がオープン。
	貸本屋「ミューディーズ」開業。
1843	一般向けの電報サービスが始まる。
	印刷されたクリスマスカードが市販される。
	チャールズ・ディケンズ『クリスマス・キャロル』刊行。
1845	ガラス税撤廃。
	アイルランドでジャガイモ飢饉発生、アイルランド難民が続出。
1847	「ロンドン動物園」が一般公開される。
	ヴィクトリア女王がベージングマシーンを利用し、生まれて初めて海に入る。
	菓子職人トム・スミスがクリスマスクラッカーを発明する。
	シャーロット・ブロンテ『ジェイン・エア』刊行。
	ウィリアム・メイクピース・サッカレー『虚栄の市』刊行。
	世界初のクロロホルムによる無痛分娩が行われる。
1848	ロンドンでコレラが大流行。
	公衆衛生法施行。保健委員会が設置され、労働者の生活環境改善へ動き出す。
	暮らしをテーマにした女性向け雑誌『ファミリー・エコノミスト』が創刊。
1849	航海条例の撤廃により、アメリカのクリッパー船が茶貿易に参入。ティークリッパーレースに発展。
	チャールズ・ディケンズ『デイヴィッド・コパフィールド』の雑誌連載が始まる。
1850	公共図書館法制定。
	ウェディングプレゼントの習慣が始まる。
1851	世界初のロンドン万国博覧会の開催。
1852	ロンドン万国博覧会の収益や展示品をもとに、「産業博物館」が開館する。
	中産階級の女性を対象にした『英国婦人家庭雑誌』創刊。
1853	リージェント・パークのロンドン動物園内に、世界初の水族館が開設。
	英国初の郵便ポスト設置。
	エリザベス・ギャスケル『女だけの町――クランフォード』刊行。
1854	水晶宮をロンドン南部のシドナム・ヒルの頂上に移築。
	チャールズ・ディケンズ『ハード・タイムズ』刊行。
	クリミア戦争に参戦。フローレンス・ナイチンゲールが看護師として活躍。
1855	コレラやチフス予防のため、「河川水の濾過」を義務化。
1856	ナショナル・ギャラリーの別館として、「ナショナル・ポートレート・ギャラリー」開設。
	シャーロット・メアリー・ヤング『ひなぎくの首飾り』刊行。
1857	産業博物館が現在のサウス・ケンジントンに移転し、「サウス・ケンジントン博物館」と改名。
1858	インド統治改善法施行、東インド会社解散。
1859	チャールズ・ダーウィン、『種の起源』で進化論を発表。
	チャールズ・ディケンズ『二都物語』刊行。
1860	『英国婦人家庭雑誌』リニューアル。
	ウィルキー・コリンズ『白衣の女』刊行。
	鉄道の1等車でのティーサービスが始まる。
	中産階級や労働者階級にもクリスマスツリーを飾る習慣が浸透する。
1861	『ビートンの家政本』刊行。
	チャールズ・ディケンズ『大いなる遺産』刊行。
	女性向け週刊誌『クィーン』創刊。
	ヴィクトリア女王の夫アルバート公死去。

●**著者略歴**

ChaTea 紅茶教室（チャティー　こうちゃきょうしつ）

二〇〇二年開校。山手線日暮里駅近くの代表講師の自宅（英国輸入住宅）を開放してレッスンを開催している。著書に『図説　紅茶――世界のティータイム』『図説　英国ティーカップの歴史――紅茶でよみとくイギリス史』『図説　英国紅茶の歴史』『英国のテーブルウェア――アンティーク&ヴィンテージ』『図説　英国の住宅――住まいに見るイギリス人のライフスタイル』『図説　ヨーロッパ宮廷を彩った陶磁器――プリンセスたちのアフタヌーンティー』（ともに河出書房新社）、監修に『紅茶のすべてがわかる事典』（ナツメ社）など。

紅茶教室 HP http://tea-school.com/

Twitter @ChaTea2016

Instagram　@teaschool_chatea

ふくろうの本

増補新装版

図説　ヴィクトリア朝の暮らし
ビートン夫人に学ぶ英国流ライフスタイル

二〇一五年　五　月三〇日初版発行
二〇二〇年　二　月一八日増補新装版初版印刷
二〇二〇年　二　月二八日増補新装版初版発行

著者……………………Cha Tea 紅茶教室
装幀・デザイン…………水橋真奈美（ヒロ工房）
発行者…………………小野寺優
発行……………………株式会社河出書房新社
〒一五一-〇〇五一
東京都渋谷区千駄ヶ谷二-三二-二
電話　〇三-三四〇四-一二〇一（営業）
〇三-三四〇四-八六一一（編集）
http://www.kawade.co.jp/

印刷……………………大日本印刷株式会社
製本……………………加藤製本株式会社

Printed in Japan
ISBN978-4-309-76293-7